U0112044

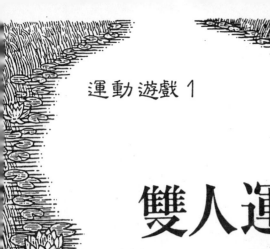

運動遊戲 1

雙人運動

松浪健四郎
荒木祐治 /著

李 玉 瓊 /譯

大展出版社有限公司

二人的力

㈶日本業餘角力協會理事長
日本加工製紙株式會社代表取締役專務

塩手滿夫

　　本書的兩位作者都曾經是知名的角
力選手。擔任角力選手時集榮耀於一身
，擁有衆多的獎杯、頭銜，而目前二位
是日本角力界指導幹部。

　　這二位角力高手難能可貴出版了有
關雙人運動的技術書。其內容是目前國
內未曾發行而無與倫比的專門書。

　　就連在角力界混跡數十年的我，也不知道利用雙人之力可
以變化出這麼多采多姿的運動，在在地令我感佩與驚訝作者二
人的造詣之深。

　　作者二位也是廣為人知的運動人類學家，其專業的研究書
已獲得相當高的評價。共著的『身體觀的研究』是人類一再思
考並著手研究如何使自身更美麗的論文輯。

　　其研究極為獨特，書中並記載其著作的原動力，乃是他人
無法比擬本書所收藏、介紹的雙人運動，不僅發揮了作者二人
豐富的想像力，此番創見更得力於他們豐富的國際經驗。作者
二人為了研究，經常忙中偷閒到各國視察，從這本書也可窺見
其成果。

　　無庸贅言角力所表現的身體文化自古以來乃是以裸體格鬥

。彼此展現各自鍛鍊的身體而較勁衝力、速度及技巧，為此在鍛鍊上乃是以雙人運動及跑步為原點。

當然，不用武器只憑自己的肉體與對手格鬥的角力選手們非常瞭解肉體能力有其限度。因而才有雙人運動的發達與開發。衆所周知的全世界的角力選手，乃是利用雙人運動鍛鍊頑強的體力，本書則殷切而仔細地記載著這些實行的方法。

我們所期望的是推廣並強化屬於最古老格鬥技的角力運動，而能夠以這種形式做介紹，使世人理解角力運動所以令人歡喜的事。而且，本書的內容不限定男性，所有老弱婦孺都可練習，希望大家以「鍛鍊健康」、「鍛練體力」的心態善加利用。藉此不僅可令大家瞭解角力選手們平日如何鍛鍊強化體魄，也能因而讓大家對角力運動產生興趣。

總而言之，對我們角力關係者而言，讓從國際運動、民族運動的角力延伸而出的雙人運動，滲透到學校、社會等各個角落直叫人喜出望外。

我們的身體比想像地富有柔軟性並具備各種機能。但是，如果不善加利用，原有的柔軟性會僵硬化並因而喪失這些機能，甚至會造成某些身體方面的障礙。柔軟性可促進身體的血行，增進健康，然而必須藉由運動才能擁有。

不需指導者也不侷限場所，更不要任何器具的雙人運動，若能隨時隨地放輕鬆來練習，必定能增進健康又可保持年輕。

當然，雙人運動對於體重鍛鍊之類，令人瞠目咋舌的肌肉鍛鍊並沒有太大的助益。同時，這也不是雙人運動的目的。

雙人運動的目的是建立基礎體力、增強身體的柔軟性，強化持久力等做為身體機能部份的鍛鍊法。

但是，從可以愉快地鍛鍊這一點來看，沒有其他運動可與之比擬，即使有些辛苦保證你會因有同伴的練習而不覺得痛苦

，甚至感到喜樂、有趣。

　　我認為這乃是雙人運動最大的優點。同時，由於它的危險度非常低，從小孩至年長者或女性都可以駕輕就熟。為了健康與美容及鍛鍊體力，請務必嘗試本書所介紹的雙人運動。

　　我個人平日無時不刻地思索如何讓角力這種格鬥技在國內更為普及，並成為身體文化之一、人類的遺產。正當我苦思該如何推廣這個運動時，獲知二位作者的著作即將付梓而雀躍不已。將角力的訓練法濃縮成雙人運動而出版的構想不愧是作者的創見。筆者誠懇地向作者表示敬意，並代表日本業餘角力協會獻上推薦文。

平成四年春　東京・赤坂

序　文

　　現今有多數討厭競技或運動的年輕人，而強制他們運動也非善舉。不過，既然競技、運動在教育上具有正面的效果就應想辦法讓年輕人參與。如何促發其動機是研究者們最大的課題，直到今日為著這個目標反覆地研究更有效的方法。

　　人除了身為動物而有身體活動之外，也有因為是人所從事的身體活動。我們所參與的各種競技或運動是屬於後者，也有人以「身體文化」來表現。

　　現今社會存在著對「身體文化」缺乏興趣的年輕人，這不僅會助長人性喪失，也會產生一批對智育、德育、體育的一部份否定的人。無論如何必須讓全身精力充沛的年輕人對競技活動、運動產生興趣。

　　競技活動有強弱、優劣之分。其間的優劣會使年輕人產生勇氣，也帶給其努力的目標，而另一方面也可能使其喪失自信、感到自卑或形成偏頗、彆扭的性格。

　　換言之，身體活動和學歷同樣地會影響性格形成，在教育面上有如兩刃之劍。因此，在指導之際應選擇避免優劣之差的教材。而且，沒有技術性、簡單的活動才能促使所有的兒童積極地參與。技術能力上的差異多半和基礎體力的優劣有關，因而個人的發育程度會影響之。任何人都可興高采烈地參與，同時不會呈現發育發達程度差別的身體活動才是最優秀的教材。

　　總而言之，如果由多數人同時參與運動，必須選擇沒有優劣之分而危險性低的運動。其中以所參與的運動對身體能造成刺激，又具有娛樂性、令人愉快的方式最佳。

　　基於以上的見解，我們思考不用道具、用具而能運動的方

法，並設計其教材時，長久以來做為角力的準備體操、訓練法、柔軟體操等，隨即浮現腦際。運動在可能的範圍內最好是，簡便又隨時隨地可輕易練習的方式。而有些運動必須準備道具或用具。

角力不愧是人類最原始的競技。對於如何運用身體的一切已有深入而廣泛的研究。由於其競技特性乃是以裸體彼此格鬥，因而自古以來針對身體的各項特徵進行研究。而其預備體操、訓練法、柔軟體操等精湛絕妙，幾乎無與倫比。這些運動流傳於全世界具有其國際性。

我們興緻勃勃地觀察各外國隊伍如何練習運動，並從中蒐集資料。當然，其中也添加了適合國人的方法。

人是無法獨自生存的動物。隨時都必須有夥伴的配合。正因為身邊有夥伴，才能順利地消化個人無法完成的事情。更重要的是可以因而輕易地捨棄羞恥心，並產生協調性。同時，不僅會慢慢理解與同伴相處的重要性，也可看穿同伴的個性。這些都有助於彼此理解並具有重大的社會意義。

輔助夥伴給予協助的行為乃是隨時置身於對方的立場，這也有助於藉由身體的運動建立友誼的交流。從角力競技延伸的運動就是雙人運動（Pair Work），我們把蒐集的資料發表出來，希望有更多的人因而獲益。

雙人運動在國內也有其中數項頗為流行，但是，我們未曾發覺其內容竟然如此多采多姿而豐富。

我們把雙人運動區分為四種，並添加提高其效果的創意。這四種是①富趣味性的內容　②提高體力的訓練內容　③屬於柔軟體操的內容　④雙人組合的體操。

利用這四種搭配練習倍增樂趣，同時我們也顧慮到利用調和的形式進行指導。①純屬娛樂的遊戲。②雖然有點辛苦卻可

因同伴的激勵而鍛鍊的訓練法，可強化全身所有的肌肉，培養強健的體格。③對於平常鮮少活動身體的人而言可能較為吃力，不過，使肌肉、關節柔軟並促進血行，無庸置疑對健康極為有益。④培育美意識的組合體操。如何搭配①②③④而給予實施，全賴指導者的創意，不過，希望各位不要忘記其目的乃是令人對競技運動產生興趣，促使人對身體擁有自信的動機，希望能在愉快的氣氛下做練習。

在國內各個分野上都可看到體育、競技運動書的刊行。而我們發現市面上並沒有只利用雙人運動的專門書。我們想如果有這樣一本書就可隨時隨地輕易地指導他人，而積極地編輯、記述、並渴望大家多加利用。

不過，指導者如果從未身體力行而只站在教導的角度也不妥。希望指導者務必能實際地操練親身理解這些運動之後再指導他人。其中某些內容對初學者而言也許負荷太大，做起來相當艱苦。而有些運動可能因年齡的差別顯得有些困難。以遊戲而言，也許過於刺激吧。如果因雙人運動而造成受傷者，即表示沒有達成本書發行的目的。希望不要無理強求，請從簡單的項目依序指導，這乃是我們懇切的願望。

本書承蒙理解我們的要求與企劃的棒球雜誌社給予發行。在此對平常全面支援我們的著作活動的棒球雜誌社的池田恆雄會長、池田郁雄董事長表示衷心的感謝。因為，我們的研究是在棒球雜誌社的支持下才有發表的機會。

平成四年春　　　　　　松浪健四郎
　　　　　　　　　　　荒木祐治

目　　錄

第一章　愉快的遊戲・有趣的相撲

第二章　愉快練習的近代訓練法

第三章　柔軟體操可廣泛運用

第四章　多采多姿的二人組體操

第一章

愉快的遊戲
有趣的相撲

具備休閒性與訓練性的運動

分佈在世界各地的衆多民族幾乎都有其民族特有的相撲運動與舞蹈。這乃是各民族傳統的身體文化財產，也是象徵民族情結的祭典的儀式。

相撲或角力等格鬥技無庸贅言是二人徒手交戰。其中摻雜著勝負的神秘性，而帶有被神聖化的印象。因此，深受任何地域民族的喜愛，尤其是男性們的歡迎。

在此所介紹的遊戲或相撲，並非攸關勝敗的競技，純屬遊戲性的運動。正因為如此，必須考慮到簡便性、危險度低、訓練的輔助性高並兼顧愉快、有趣等要素。同時，為了因應國際化社會的需要，我們蒐集世界各地都能指導而被接納的內容並給予修飾。

當然若要使兒童積極地參與，必須具備愉快、有趣的要素。雙人運動所要求的同伴並非機械式做動作的人，而是彷彿朋友一樣的夥伴。和自己的朋友玩遊戲、做相撲運動一定倍覺樂趣。而且，完全不重視其中的勝敗優劣，自然可使人輕易地樂在其中。

身體文化是全世界的共通語言。我們深信雙人運動所構成的遊戲或相撲，一定可以獲得世界所有民族們的喜愛。只有簡單的規則並不需要準備器具、道具，只要有兩人，隨時隨地都能盡興其中。

而富於遊戲性的運動中應該也有其某種形成的有效性。本書所介紹的雙人運動純粹是享受遊戲、愉快地做相撲運動，並充分包含強化身體各部份的訓練性。

一般而言，格鬥技是過於激烈的運動。而雙人運動的相撲

、遊戲排除了幾乎可能的危險性，是最為安全的運動。我們誠心渴望從幼兒至婦女所有的人都能熟習雙人運動，因此，我們蒐集並考察這類遊戲與相撲做為休閒活動之一。

在動手處理某事之前不妨利用這裡所介紹的遊戲或相撲做為暖身運動的材料，把它們應用在您的生活上吧。

小　知　識

暖身運動

心理學上通常譯為「提神」是指戰勝精神上、身體上的惰性。譬如，睡醒後、長期休息之後，一般以為作業效率會提高，其實反而提不起勁無法達到效率。這乃是因為睡眠或休息的惰性使然，為了戰勝這個怠惰的必須「提神」。改變不同的作業時也是一樣。

一般在競技上暖身運動是表示準備運動，是在開始劇烈運動之前為身心的準備所做的柔軟運動。任何人都瞭解暖身運動的必要性，然而其效果卻無科學上的根據。但是，這個運動可避免身體受到傷害、做為身心的隼備。

如果運動中發生問題，乃是事前有無暖身運動的問題。在做任何競技之間一定要做暖身運動。

1　拉腳相撲

≪方法≫

彼此伸直左或右腳，緊緊握住對方的腳腕。保持這樣的姿勢互相推擠、拉扯、抬高、壓下、扭轉，自由自在地做各種動

作以推倒對方的相撲運動。右腳做完之後換左腳，利用左右腳
玩耍這個運動。跌倒時只要不放鬆對方的腳腕就可避免重擊頭
部，或挫傷雙腕，自然不會受傷。

≪規則≫

如果放鬆所握住的腳腕就敗北。同時，被推倒、比對方更先
著地則敗。原則上握住對方的腳腕，握住腳跟或腳尖都違反規
則。因為握住腳腕以外的部位具有危險性，應特別注意。也可
以像相撲的競技一樣在土俵（圓場）內競技。這時即可出現擠
出場外、推出摔倒等勝負法。土俵的寬度以直徑約五公尺左右
為適宜。

≪目的≫

習慣於單腳的不安定姿勢，即可強化身體的平衡感。握住
對方單腳而移動，可增大跳躍力。而雙腳筆直伸展也可當做舒
展體操。若要確實握住雙腳腕，必須手臂夾緊身體的雙側，這
可矯正失防的架勢。若要保持平衡，必須挺立脊椎柱否則會傾
倒。這也是對矯正姿勢有益的相撲。

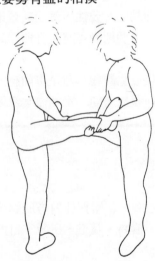

┌─────────────────────────┐
│   小　知　識   │
└─────────────────────────┘

跳　躍

　　一般人並不清楚跳躍和彈跳之間的差別，其實後者是指利用手腕的支撐所做的跳躍，因此，撐竿跳、跳箱、跳箱台上迴轉等運動種類是屬於彈跳，而單腳跳、交叉跳等部份徒手跳躍的種類則屬於跳躍運動。跳躍和跳躍力的強弱關係密切，一般認為角力的彈力非常重要，其實全身都必須具有彈力。

2　拉手拉腳相撲

≪方法≫

　　彼此將右腳（或左腳）筆直伸向對方，用左手握住對方的腳腕。然後彼此伸出右手交握。利用左腳站立的不安定姿勢互相推壓、拉扯等，保持這樣的姿勢格鬥。

　　如何應用雙手搏倒對方乃箇中趣味。也可展現跳躍力以各種角度或方向攻擊對方。

≪規則≫

　　放鬆握住腳腕的手就敗北。鬆開交握的手也輸。當然，比對方更早跌倒也輸了。由於用單手交握很容易鬆開握住的腳腕，而減低其中的趣味性，但是，如果用力夾緊交握手的手臂側，多少可避免鬆落。如果設一個土俵（圓場）限定所活動的場所更為有趣。可以在直徑約五公尺的場地內格鬥。

≪目的≫

　　促進左右腳及手臂的正常發達。由於雙手、雙腳各有不同的機能，因而可提高各種運動能力。同時，在不安定的姿勢下

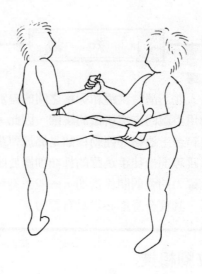

展開攻防，可訓練保持極佳的平衡感。尤其腳必須筆直伸展，因而可強化下肢、增強下肢的靈活。同時具有舒展體操的要素，因其是運用上半身的格鬥，自然能矯正姿勢。

小　知　識

下　肢

　　這是由下肢帶、大腿、小腿、腳等四個部份構成。下肢帶是界於體幹和左右可活動的下肢之間的部份。大腿是在骨關節和膝關節之間，小腿是膝關節和腳臂之間，而腳臂以下的部份則稱為腳。下肢不僅支撐全身的重量又負責步行，因而具有非常堅固的骨骼結構，且各部份的結合也非常堅韌。

3　單腳跳躍手推相撲

≪方法≫

　　首先彎曲右腳用左手握住。握住的位置最好是腳掌和腳腕。用這個姿勢握住則可避免彎曲的腳鬆落。保持單腳跳躍的姿勢，右手往前方推出手掌呈垂直狀，彼此合掌推壓。如果對方的推壓力強，則可鬆開手掌使對方失去平衡。故意牽制對方，利用牽制法使對方抽身不及因而落敗也極有趣。

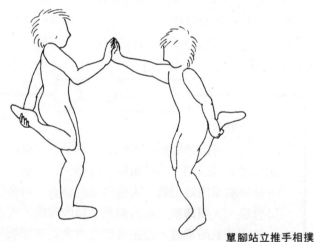

單腳站立推手相撲

≪規則≫

　　鬆開握住的腳就輸了。同時，比對方更早跌倒也輸了。這是利用雙方手掌的推、壓、反制而決定勝敗，如果不合掌而以其它的方法攻擊，都屬違反規則落敗。不過，自由移動時手掌偏離對方的手掌並不造成違規。如果設一個直徑五公尺左右的土俵（圓場）來格鬥倍增趣味。

≪目的≫

利用分別練習以強化左右腳力。這是根據手掌推出的時機以決勝負的運動，因而可從中學習時機的掌握。也可增強跳躍力、強化大腿部及小腿部。而動作迅速的單腳跳躍，多半變成腳尖站立的單腳跳躍，所以能強化小腿部後側肌肉及阿基里斯鍵。也可做為舒展體操。

≪變型≫

巴基斯坦或阿富汗有所謂的「單腳跳躍相撲」。這是採單腳站立姿勢展開激烈的格鬥。廣受帕修特恩族的喜愛。採彎曲單腳的姿勢用單手互相丟擲的激烈相撲，男孩可設一個土俵（圓場）玩「單腳跳躍相撲」。另外，採單腳跳躍的姿勢彼此用單手纏住對方的脖子做互摔的相撲，不但魄力十足又有趣。

小　知　識

大腿肌

可區分為伸展肌、內轉肌、屈肌等三肌群。伸展肌位於大腿前側，內轉肌位於內側，屈肌則位於後側。伸展肌是由縫工肌、大腿四頭肌構成，內轉肌則由恥骨肌、大腿薄肌、長內轉肌、短內轉肌，大內轉肌，外閉鎖肌所構成，而屈肌則是由大腿二頭肌、半腱樣肌、半膜樣肌構成。由如此多種的肌形成大腿肌。

4　纏腿相撲

≪方法≫

彼此伸出右腳（或左腳）雙膝蓋在空中交合。膝蓋呈「＜」

纏腳相撲

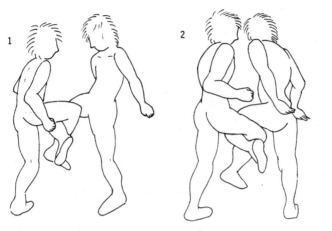

字形則可避免鬆開。保持單腳站立的姿勢，彼此拉扯交纏在一起的腳。不用雙手，完全用纏住的腳牽引對方。單腳站立的動作越大，運動量越多。在空中雙腳交纏會對腳造成負擔。

≪規則≫

呈「＜」字形纏繞的腳筆直伸開脫離纏繞者就輸了。或者不敵對方強勁的腳力，被拉拔而鬆開腳的人就落敗。右腳較量完畢改用左腳格鬥，交互使用左右腳樂在其中。玩纏腳相撲遊戲。若使用雙手則犯規落敗，但可用彼此的肩膀碰觸對方，這個動作不犯規較為有趣。這是相當激烈的相撲運動。

≪目的≫

這是最適合強化大腿部及小腿部、腰部的相撲。保持身體的均衡用單腳站立的方式往後方移動。可強化平常鮮少使用的腳肌肉。雙腳纏繞時背脊無法筆直伸展而呈圓弧狀。這對背部肌肉乃是一種舒展體操。由於這種相撲運動極為激烈，很容易提高心跳數。因而也有助於提高持久力。

≪變型≫

①彼此橫排一列，用各自內側的腳纏繞一起，做格鬥的相撲也挺有趣，這乃是左腳和右腳纏繞一起的變型「纏腳相撲」（圖2）。

②比「纏腳相撲」更艱難的是交纏住腳，彼此握住自己的腳掌，以鎖住腳部纏繞而拉扯的相撲。右腳纏繞在一起時用左手握住腳掌。彼此用肩膀互撞更有趣。

小　知　識

大臀肌

位於臀部的強大肌肉，起自仙骨及腸骨後面到達大腿部的上部。主要是伸展大腿，當大腿固定時，骨盤會往後移，讓身體保持直立的姿勢。

5　單腳站立碰肩相撲

≪方法≫

彼此抬起右腳（或左腳）做單腳站立狀，各自緊抱雙手臂在胸前。單腳站立著互碰肩膀做推、拉、牽制的相撲。換腳來做也有趣。如果在土俵（圓場）上做大動作的格鬥時，更增加其中的趣味性。肩膀互碰的相撲帶有肉搏戰的風格又具魄力。

≪規則≫

雙腳著地即落敗，格鬥中必須單腳站立。武器只有個人的雙肩，如何應用自己的肩膀攻擊對方，乃是此相撲的奧妙處，不過，鬆開盤住的雙手就違規落敗。而轉到對方的後側攻擊並沒有犯規。用全身踫撞對方也不違規，不過，彎曲膝蓋低姿勢往上衝撞極為危險，屬犯規。總之，是用彼此的肩膀互碰以牽

單腳站立碰肩相撲

制法彼此格鬥的相撲。增加速度更為有趣。

≪目的≫

以不安定的單腳站立姿勢快速用雙肩碰觸格鬥，如果身體欠缺均衡感做起來極為困難。為了防守對方激烈的碰撞，行動必須敏捷。同時也有戰略技巧的要求。

由於難以決出勝負而長時間單腳站立格鬥，自然會強化腳力。若設土俵（圓場）為戰場，則必須有從外側切入攻擊的技巧，因而可使用腳部所有的肌肉。

小　知　識

巧緻性

同時使用範圍廣泛的骨骼肌群而運動的形式，方法千變萬化，使得神經的調節作用精密地運作的運動，稱為巧緻運動。這個運動所必要的肌神經性質或藉此所獲得的狀態，稱為擁有巧緻性。

6　蹲立拉腳相撲

≪方法≫

彼此保持蹲立的姿勢，筆直伸出右腳（或左腳）。用雙手握住對方往前伸直的腳腕。以這個姿勢開始用壓、拉或抬對方的腳以擊倒對方等動作。另外，也可添加變化，譬如把對方的腳拉向外側搖晃對方使其傾倒。步伐越大越能發揮威力。

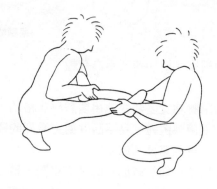

≪規則≫

鬆開腳腕就輸。比對方先倒也輸。而呈單腳蹲立的膝蓋如果著地也落敗。

≪目的≫

可強化慣用的腳或另一隻腳及雙腳肌肉。藉由從不安定的姿勢保持均衡展開攻防，可使腳部及腰部產生耐力。

≪變型≫

不用雙手抱住腳腕，而用單手也可做相撲運動。另一隻手只做保持均衡。不過，這種方式的相撲很容易亂了陣腳，使趣味減半。

小　知　識

慣用腳

　　這是所謂的「Best Foot」，是可以施較大的力
氣、動作較迅速的腳。跳躍動作的踏腳、起跑前的前
腳都使用慣用腳。有些人的慣用腳是左腳，而有些人
則是右腳，這和慣用右手或左手有關。

7　兔子跳相撲

≪方法≫

　　兩者都採兔子跳的姿勢，伸直雙手將手掌垂直張開。做前
後左右的移動時，以對方的雙掌為攻擊目標進攻。推、故意抽
身誘敵、牽制、按壓等嘗試為攻擊法。攻擊的時機恰當即可巧
妙地擊倒對方。

　　故意將雙手抽向後方，可誘導對方往前傾倒。出奇不意的
攻防戰乃是這種相撲的醍醐味。

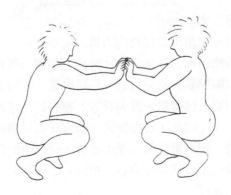

≪規則≫

必須隨時保持手掌呈垂直狀。用兔子跳的姿勢或採中腰姿勢攻擊，如果完全挺起腰或採站立姿勢則違規。先傾倒或著地者就輸了。

≪目的≫

助長腰部的安定性。以強化大腿部、小腿部等腳部肌力為目標。雖然有人認為兔子跳的姿勢對膝關節有不良影響，我們卻不做如是觀。像兔子跳的跳躍，可增強瞬發力，也可藉此養成掌握時機的技巧。

≪變型≫

保持兔子跳的姿勢，彼此用雙手握住手臂以拉扯、按壓決定勝負。規定手不可往上舉高。在一連串的動作中，攻擊是項有趣的相撲運動。不過，雙手交握時左右其中一方必須呈上下的組合。由於彼此的握力，可使這個相撲運動更具效果並增強趣味性。

小　知　識

握　力

這是指用手掌握物的力量，主要表示上肢肌的肌力。通常由握力計來測量。與握力相關的肌有橈腕屈肌、尺腕屈肌、淺屈指肌、長屈拇肌、短屈拇肌、短屈小指肌、蟲樣肌、骨間肌等，握力是上述各種肌協力的結果。因此，根據握法、握力計的種類而有不同，同時，因測量技術而產生差異，動作中所發揮的握力、瞬間所發揮的握力各不相同，因而握力計的數值難有精確性。

8　碰胸相撲

≪方法≫

雙方都將雙手交握在身後。保持這個姿勢彼此用手臂、肩膀推壓、或抽身以動搖對方的平衡,或利用腳技的內勾或外勾搏倒對方。如果沒有連續性地展開足技的技巧則缺乏效果,這彷彿是沒有雙手的力士相撲。在範圍小一點的土俵(圓場)賽場上格鬥,就有全身衝撞或誘敵倒摔的格鬥法,格鬥起來倍覺有趣。

≪規則≫

使用手就失敗。不論有何狀況都必須將雙手交握在身後。首先使身體的某部份著地也落敗,和相撲的規則一樣。規定一個賽場(土俵)以各式各樣的絕招決勝負也挺有趣。踢腿或撤腿都是違規,只允許內勾或外勾。

≪目的≫

使身體養成在不自由的姿勢下攻防的耐力。這可以培養均衡感做重心下移的攻擊。使雙腳運作靈巧增廣攻擊類型。攻擊時會呈立起腳尖的姿勢而強化前傾姿勢。由於必須運用腳力並窺視對方出擊的方法而能增強敏捷性。如果設一處圓場做戰場更可期待全身運動的效果。

≪變型≫

雙手交握在身後或抱在胸前橫排成一列。這時用彼此的肩部互撞、故意抽身以瓦解對方的均衡感也挺逗趣。這時雙方如果沒有挺直背骨格鬥，則會減少其中的趣味性。這個方式的格鬥毫無危險性（圖２）。

小　知　識

關節打撲

關節打撲有因衝撞、墜落等直接外力所造成及間接外力對關節所造成的打撲。譬如，跳躍著地時踫觸腳底而間接地造成足關節的打撲，跌倒而撞倒大轉子部時，骨關節也會承受打撲。這是俗稱的「撞傷」。程度輕微時當然不必就醫。

9　碰膝腕相撲

≪方法≫

雙方將右腳（左腳）往前踏出一步，使彼此的腳和膝蓋併攏而蹲坐。彼此交握併攏腳側的手。保持這個姿勢用拉扯、按壓、抽身誘敵等方式攻擊。動作中腳會岔開或膝蓋分離，必須隨時留意保持併攏。另一隻手如果沒有固定在腰部後側，會使

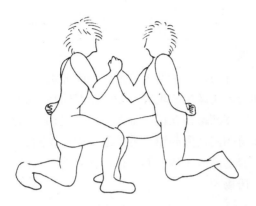

上手勁而使身體呈左右搖晃，造成膝蓋與足部容易岔離。

≪規則≫

先往側邊、前方、後方傾倒就敗北。鬆開交握的手或抬起著地的膝蓋也是違規敗北。如果腳或膝蓋自然地岔開則「暫停」，待確實併攏之後再開戰。固定在腰後的手移向前方也是違規敗北，必須完全遵守規則。抽身往後退時，抽身者的膝蓋容易翹起，這一點也要注意。

≪目的≫

可強化身體的平衡感。也有助於掌握時機。強化手臂、增進握力，懂得施力的技巧。側身容易失防者可藉由手臂夾緊而矯正。

≪變型≫

從「合膝腕相撲」的姿勢改成直立的姿勢，彼此靠攏伸向前方的腳的外側。而後方的腳往側邊擺，保持這樣的姿勢用拉、推、抽身誘敵、撲空誘敵法將對方往前方或後方推倒。這有助於掌握攻擊的時機，也能理解用力的程度。

```
┌─────────────────────────────────────┐
│          小　知　識                  │
└─────────────────────────────────────┘
```

扭　傷

　　關節因外力超越生理上的運動範圍而過度受到強烈的牽制時，所產生的現象。韌帶或關節包扭斷而關節體相互的關節維持在正常位上，稱為扭傷。因此，從定義即可明白被限制單一方向運動的蝶番關節如膝、指關節容易造成扭傷，而可自由活動的肩關節及骨關節鮮少扭傷。

10　跪膝互推相撲

≪方法≫

　　雙方膝蓋著地，挺起腰身正面相對。保持適當的距離對峙，雙方各伸直雙手並雙掌合攏。用雙掌用力推、壓擠、抽身誘敵、攻其不備而擊倒對方。距離太大難以決勝負，雙方保持較近的距離。可以將背脊往後呈大幅度扭轉或往前彎曲，利用上半身的移動以搖晃對方使其落敗。

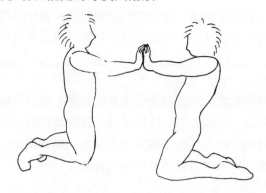

≪規則≫

先倒者落敗。立起腳尖而坐雖不造成違規，然而跌坐在地則違規。可彎曲手肘防守，不過，在任何狀況下手掌都必須保持垂直。身體往左右搖擺也是違規，只能朝前後搖擺。

≪目的≫

雙方都是利用身體的前後搖擺，以合掌的姿勢推倒對方，如果時機恰當，可將對方推倒。而當對方以為時機恰當用力推向前來時，適巧地抽身也可令對方一頭栽向前倒。「跪膝互推相撲」最合培養掌握時機的習慣。而且，將身體反仰後方也有助於保持身體平衡。總而言之，可以盡興地培養攻擊的精神，提高敏捷性。

```
┌─────────────────────────────────┐
│            小　知　識            │
│                                  │
│   壓迫骨折                       │
│      這是骨骼受到強烈的壓迫造成的骨折。長管狀骨 │
│   由於骨端抵抗較少，會在海棉樣骨質部造成骨折，變 │
│   成骨幹潛入骨端的情況。而墜落折斷骨部會引起骨盤 │
│   骨的壓迫骨折，跌個大跟斗也會在大腿骨骨頭上造成 │
│   壓迫骨折。                     │
└─────────────────────────────────┘
```

11　壓頸競爭

≪方法≫

雙方保持站立姿勢正面相對，其中一方用右手或左手繞住對方的脖子。用手繞住對方脖子的人用力地將其脖子往前拉或往下壓。被按住脖子的人則用力挺住後方，避免被往前壓。這

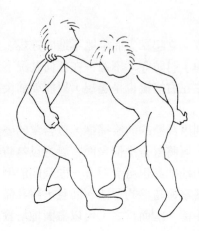

壓頸競爭

時如果過度往後方前穩住前方的拉力，當對方抽手回去時會當場移動身體。不論任何狀況都必須保持在站立的原位。接著更換攻防位置，由另一方按住對方的脖子。

≪規則≫

被按住脖子的人如果從站立的位置移動則敗北。因對方的用力按壓可能朝前方或後方而移動，腳步移動就敗北。交換攻守立場時可決定時間來進行或勝負後交換，可在賽前訂好規則。

≪目的≫

除了強化頸部外可學習被他人集中一處攻擊該如何對應的方法。當身體某部集中攻擊時非應用該部份的肌力對抗，而是將全身的力量集中在該處中，在該處以為防守，然而這個情況會使身體失去平衡。如果訓練不足而與強力壯或體格健碩者對戰時，隨即落入對方的掌握中。

```
┌─────────────────────────────────┐
│          小　知　識             │
├─────────────────────────────────┤
```

鞭打症

　　正式的名稱是變型性頸椎症或頸中隔石灰症。所謂的「鞭打症狀」會引起頸、肩、手臂症候。發生的原因多半是車禍所造成。除了車禍外，如果從心不在焉者身後突然撞擊其背部，也會造成這種症狀。揚起皮鞭朝反方向抽回時，會產生銳利的聲音，有如突然曲折的轉接而如此命名，情況嚴重時多半會從頸椎損傷，造成頸髓損傷。

12　腳底踩踏相撲

　　≪方法≫

　　彼此抬起雙腳而坐。雙方將腳底併攏用力地推壓對方的腳底，或抽腳誘敵，或故意推、拉將對方推倒在後方，或使其雙腳著地。如果姿勢歪曲使手著地也落敗。

　　≪規則≫

　　彷彿踩腳踏車一樣，可在單腳腳底用力或雙腳腳底用力，

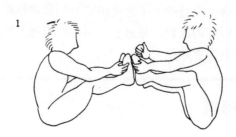

腳底踩踏相撲

只要讓對方臀部以外的部位著地就獲勝。如圖1所示，如果雙手沒有伸向前方，會立即失去平衡而使手著地落敗。時機恰當時會如圖2所示，技巧地將對方推倒翻向後側。這個姿勢非常困難，因而能立即決出勝負。

≪目的≫

這是做強烈的腹肌運動的遊戲。可強化腳力也能練習掌握時機，最重要的是增強腳步的靈活。

小　知　識

休養運動

所謂的休閒運動。這是藉由愉快的運動以休養精神並促進健康為目的。不太使用腦力的簡單舞蹈或韻律運動等輕度的運動最適宜。而不太使用體力的遊戲也適合做為休養運動。

13　搏膝相撲

≪方法≫

採躺臥姿勢，彼此的膝蓋交叉。利用彼此交合的膝蓋搏倒

對方的膝蓋，這時利用腰力及腳臂迴轉的力量較勁，雙方的能力與技術（膝蓋的柔軟性）。當用自己的膝蓋把對方的腳壓倒在地即獲勝。接著改用相反的腳練習。一旦熟稔，彼此在膝蓋使勁用力的激烈搏腳相撲會發現其中樂趣無窮。

≪規則≫

當對方的腳膝蓋著地即獲勝。用手或用另一雙腳則違規，必須完全用交叉的膝蓋做相撲的格鬥。

同時，為了強化頸部抬起頸部格鬥，當頭著地時也落敗。利用反動或牽制作用都可。如果只憑蠻力格鬥，並不見得有趣。這個運動可能會傷害到膝蓋的韌帶，必須做完預備體操才進行。

≪目的≫

除了強化膝蓋外，也可學習膝蓋的運用法。同時，這也是膝蓋的柔軟運動，又能幫助腳力強化。而用單腳格鬥在格鬥遊戲的過程中必須用全身保持平衡，因此，可以做為在躺臥狀態下保持均衡的訓練。在格鬥競技中的睡技上「搏膝相撲」是最應重視的訓練法。

┌─────────────────────────────────────┐
│　　　小　　知　　識　　　│
└─────────────────────────────────────┘

Osgood—Schlatter病

　　調皮搗蛋的10～15歲的兒童，當苦訴膝蓋下方疼痛時即可斷定是染患這種疾病。這個疾病發生在膝蓋下方兩側或單側，運動時會覺得膝蓋下方有局部疼痛但無步行障礙。患部漸漸變硬變腫，而皮膚並沒有任何異常。但是，有時可能會變得紅腫。運動尤其是彎曲、疲勞時，會增加疼痛感。

14　手臂交抱坐式相撲

≪方法≫

　　雙方背對背地坐在地板上，雙腳往前打開伸展。而左右手彷彿欖球賽中並列爭球的姿勢，緊緊地交握在一起。然後彼此在手臂上用力將對方往左或右推倒。採前傾姿勢使對方騎在背上，順勢往右或左推倒對方等，彼此運用智慧享受單純的相撲遊戲。

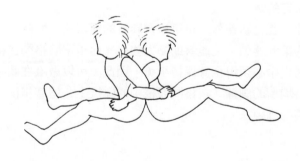

≪規則≫

交握的手臂不論任何狀況只要解開就敗北。頭部往後方大幅度扭曲極為危險，因而這種行為是犯規。此外用任何方式格鬥都行。可用扭倒或牽制法誘敵，或扛起對方再推倒。一旦決定勝負後交換盤手姿勢再格鬥一次。

≪目的≫

手臂靠側身格鬥可矯正側身的失防。幾乎沒有危險性，最適合做為暖身運動的遊戲之一。由於從左右向增強力道而必須有與之對抗的力量，但為了避免傾倒，必須保持平衡。這是有助保持平衡的遊戲。

小　知　識

運動神經

這是指分佈在隨意肌上的神經。起自大腦皮質的運動領往下延伸到間腦、中腦、延髓，在延髓的下部右側部份往左、左側部份往右交叉，從骨髓分節流散在外滑落到末梢神經中分佈於各個支配肌內。換言之，這是指從運動中樞而來的興奮傳達到肌肉，主掌肌運動的遠心性神經。

15　鬥牛相撲

≪方法≫

雙方各趴在地上，互相靠著彼此的右肩或左肩。然後用力推、以牽制法誘敵或利用抽身使其前倒等方式，讓對方產生移動。被移動者落敗。將頸部貼靠在對方的肩上，有時會有危險

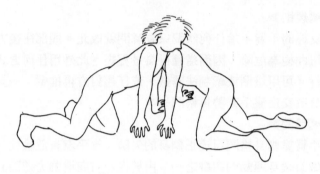

，最好用肩或上方的胸部貼靠在其肩上，彷彿鬥牛一般較勁。決定勝負之後再以另一側肩膀格鬥。

≪規則≫

從手腳趴在地上的姿勢做格鬥時，如果手或膝蓋任一個位置移動就敗北。施力的方向只限定往前方，若朝上方施力則違規。如果腰身過低或雙臂曲折採較低的姿勢也違規。

≪目的≫

利用低姿勢鍛鍊力量的運用。由於雙手雙腳趴在地上難以移動，因而可訓練如何保持安定度。也可學習如何從肩膀施力及將力氣集中在肩膀的方法。

≪變型≫

①改用自己的頭靠在對方的肩膀上。這是彼此頂頭互推的「鬥牛相撲」。不過，如果頸較脆弱的人，做這個運動多少帶有危險性。因此，如果對彼此頂頭做「鬥牛相撲」有興趣，必須事前充分地做好頸部準備運動，如果不限定力氣只能朝向前方當然會有撞擊、負傷的情況。

②彼此面對面採伏地挺身的姿勢，雙方肩膀靠在一起互相推擠。如果採取腳及手可自由活動的規則，就是相當白熱化的「鬥牛相撲」。

┌─────────────────────────┐
│　　　　小　知　識　　　　│
└─────────────────────────┘

鎖骨骨折

　　鎖骨骨折是競技外傷中最常見的骨折。通常是因間接外力亦即間接力的影響所造成。跌倒時肩膀或手、手肘著地時外力會施壓於鎖骨的長軸，造成彎曲幅度最大，而在力學上最為脆弱的橫或側邊的骨折線，有時也會造成鍊鎖型的骨折片引起屈曲骨折。因直接外力或自己的肌肉所造成的骨折鮮為所見。幼兒約二星期、成年人約四週～五週才能使骨折癒合。雖然假關節形成並不常見，卻多半必須做變形治療。

16　車軸強拉相撲

≪方法≫

　　雙方跪膝對坐，彼此握住雙方的手。握法是彼此握住對方的手臂。直挺腰身互相拉扯。然後身體往後方呈拱形折曲。持續這個拉力直到呈拱狀，往後折曲的上半身的頭部著地為止。手在整個過程中都不可放鬆。

1

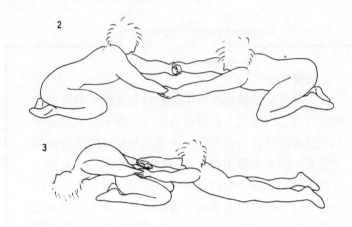

≪規則≫

　穩穩拉住對方的雙手，讓對方的身體完全伸展而自己呈拱狀後仰的上半身的頭部著地就獲勝。由於雙手做直線方向施力的攻防，勝負立見分曉。從腰身挺直而坐的狀態如果稍微採前傾，姿勢恐怕立即被強拉過去，而對方這個拉力一直持續到呈拱狀往後彎曲的上半身頭部著地為止。這是較量彼此的柔軟性和Power的相撲，雙方以「開始！」的訊號開始。最初將對方拉過來的人已掌握勝算。

≪目的≫

　使人發揮往後方拉的力量。培養身體往後彎曲的柔軟性。也可訓練從不安定狀態發揮力量的方法。

小　知　識

協同肌

向同方向作用的肌彼此成為協同肌。譬如，手臂

抬高到肘關節時的主力肌是上臂二頭肌，而由於上臂肌也朝同樣的方向作用而稱為協同肌。

17　三點定位強拉相撲

≪方法≫

雙方以伏地挺身的姿勢對峙，伸出右手或左手彼此交握。或者各自握住對方的手臂彼此用力拉。接著換手用另一隻手格鬥。由於伏地挺身的姿勢有極大的個人差異，最好統一平舉臀部，保持身體筆直的姿勢。這是項非常有趣的遊戲。

≪規則≫

以伏地挺身的姿勢彼此伸出手握住或握住對方的手臂，在二人的「開始！」的號令下開始動作。利用伏地挺身的三點（雙腳及一隻手臂）支撐身體，如果其中一點崩塌就落敗。同時，在格鬥中支撐在地上的手臂，可能會緩慢地移動位置，同樣地腳也會移動原來的位置，有關這點雙方應事前決定違規與否。

≪目的≫

利用伏地挺身的姿勢發揮力量並往前伸直手臂施力時，因拉力的關係，使得頸部上揚而強化了肩周圍及頸部的肌肉。如

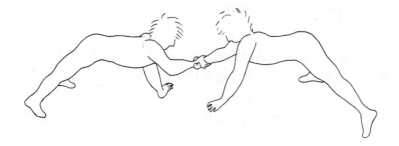

果採取立起腳尖伏地挺身的姿勢，維持這種姿勢本身相當艱難，因而能強化腹肌及所有的肌肉。

```
┌─────────────────────────────────────────────┐
│              小    知    識                   │
│                                               │
│   脫臼的定義                                  │
│     所謂外傷性脫臼，是因外力作用通過關節包的裂 │
│   縫彼此相對的關節面的一方脫出關節包外，使得關節 │
│   面失去正常相對性的位置。脫臼中只有關節面的一部 │
│   脫落，而保持接觸面的情況稱為亞脫臼。外傷性脫臼 │
│   除了顎關節之外，全屬關節包外脫臼，必須和先天性 │
│   或病態脫臼做明顯的區別。                      │
│                                               │
└─────────────────────────────────────────────┘
```

18　重心移動角力

≪方法≫

一人呈前匍匐姿勢，另一人雙手交握在身後，將重心靠在匍匐在地的對方的頸部。在開始的訊號下匍匐在地的人，雙腳為支點，只用雙手往左右繞轉地移動。壓在上面的人移動重心而在移動中避免從對方的背部摔落。掌握對方的動向敏捷地移動。

≪規則≫

位於下方者不可移動膝蓋。膝蓋只能做支點，可自由移動的只有雙手。朝左右快速的移動以揮落置於上方者。位於上方者雖然將重心置於下方者，當把自己肚子附近的部位貼靠在對方的身體上時，要緩慢地移動重心，並避免從對方的背上跌落。跌落即落敗。如果一直乘在對方的背上，則位於上方者獲勝

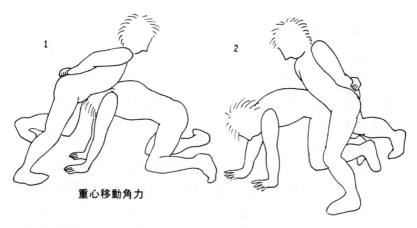

重心移動角力

。然後再改變攻守位置。這時必須有迅速的動作。

≪目的≫

　　首先可以掌握自己身體的重心，並可學習移動方法。位於下方者能培養敏捷性，而上方者則能思考如何保持身體平衡。這個遊戲雖然體力上並不激烈，然而根據位於下方者的速度而變得有趣。

小　知　識

氣　質

　　內臟型氣質是肥胖型特徵，是愛好休閒娛樂與鬆弛，對食物、夥伴、愛情、社會上的支持等的慾望強。身體型氣質是屬於鬥志型，喜愛活動與力量是其特徵，表現強迫式的態度、肌肉運動為慾望的主體。頭腦型氣質是屬於削瘦型，對外來的刺激敏感，不愛表現是其特徵。避免外在的過度刺激、喜愛孤獨。

19 靠背角力

≪方法≫

雙方背靠背，立起膝蓋或伸直而坐。在彼此「開始！」的訊號下以述的姿勢往左或右任意移動，並彼此推壓。這是一種睡技相撲。

≪規則≫

站立則違規。必須保持膝蓋著地的姿勢採取攻擊。事先設定時間，在結束時乘在他方背上者獲勝。彼此面對面對峙時也

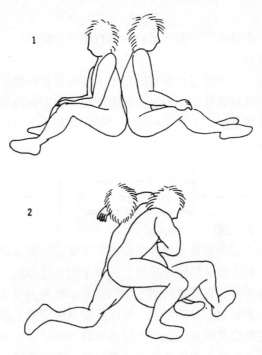

可做攻擊。當然，踢、毆的動作違規，只能用壓擠做為攻擊技術。

≪目的≫

學習迅速動作的展開。培養重心放低做小幅度繞轉的靈敏。具備體力才能壓擠對方，因而最適合做為暖身運動。這乃是坐式相撲，其危險度低。

小　知　識

強制運動

內耳主要部份的膜迷路是位置、運動的感覺器官，可反射性地調節肌肉緊張及協同作用，與身體的平衡保持及運動的調節有關。因此，如果破壞其中一側的迷路，身體會採取破壞側彎曲的奇異姿勢（強制體位），在運動時往一側偏進而無法筆直前進。如果人為地破壞其中一側的迷路，則會使頸部往破壞側傾倒，結果使身體的長軸繞轉一周。像這種因一側迷路破壞所造成的運動，稱為強制運動。

第二章

愉快練習法
近代訓練法

遊樂其中的訓練法

在日常生活中經常使用「練習」「訓練」「學習」等類似的三個語詞。但是，我們應該注意這三個語詞的混用。

「練習」嚴格而言是指反覆的技術習得。英語稱為 Practice 也是反覆的意思。藉由反覆以習得新技術，就是所謂的「練習」。「訓練」則是為了更有效地發揮所習得的技術，而增加速度、力量、體力等的活動吧。換言之，可以把它當做提高肌力，使運動技術的效果更高的輔助性運動。

「學習」則是指學習該運動競技所具有的『樣式』『形式』等。換言之，在「學習」中並沒有發揮個人的個性，而是學習競技、運動所具有的特性，以提高精神方面的食糧。可以把它當做彷彿是新娘修行手段的花道、茶道等的「學習項目」的作法，主要目的是精神面的提高。

本章當然是學習「訓練」，我們渴望利用雙人運動做各式各樣的訓練。

雖然效果和動態訓練的體重訓練類似，卻多少帶有肌肉訓練的一面。肌肉訓練（isometric txercise）是指所謂的靜態訓練，當然，只採納這個方法也有其問題。但是，偶而利用雙人運動的訓練法，一定倍覺新鮮感又能享受其中。同時，這和利用器具的練法不同。所使用的肌肉部位自不相同，對身體自然有效。

「訓練」本來是艱苦的。因此，獨自訓練終究會敗給自己的惰性，難以腳踏實地地養成自己的技術。如果有在旁激勵的夥伴，即使負荷極大也有辦法完成。這乃是利用雙人運動所進行「訓練」的真髓。而且，也不可忽視原本辛苦的「訓練」變

得有趣、愉快的一面。這乃是因為雙人運動隨時具備著遊戲性與趣味性。

小　知　識

Isometric Exercise

　　這是指藉由等尺性肌收縮的肌訓練法。又稱為「靜態肌力訓練」或「靜態訓練法」。舉高鐵車輪或啞鈴等有重量的器具，或像垂懸屈膝一樣利用本身的體重所進行的，利用等張力性肌收縮做肌訓練法等，乃眾所周知的重量訓練，相對於「靜態肌力訓練法」而被稱為「動態肌力訓練」或「動態訓練法」。而相對於 Isometric 的稱呼，有時也使用 Isotonic 的用語。主要是指使用重物做練習的 Isotonic，這就是體重訓練法。

1　躺臥推壓(A)

≪目的≫

挺直背脊採仰躺的姿勢，藉由做接受外力或施力的動作，以矯正脊柱的歪曲。同時，站立者以不安定的姿勢做伏地挺身的運動，可培養平衡的間隔。兩者的呼吸必須配合，因而能培養協調心。目的也有培養站在對方立場帶動其行動的習慣。

≪方法≫

①其中一人身體筆直地仰躺而臥。站立者站在躺臥者雙腳外側，彼此手掌相合，手指交握。兩者四目相對。

②站立者把上半身往下彎，做正確的伏地挺身。躺臥於地

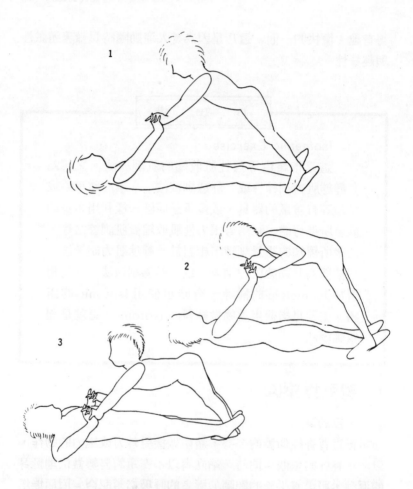

者伸直雙臂，承受其伏地挺身的壓力。

　　③躺臥於地者除了承受上位者伏地挺身的壓力外，慢慢地將自己的雙臂落於地板。這時，站立者必須挺直雙臂。

　　然後由躺臥於地者奮力伸直雙臂，回復到圖1的狀態。

　　≪要點≫

規律性的練習。此動作十回到十五回為一套，上下位置交換練習。有時可依圖3的方式改變腳所擺放的位置，站立者的雙腳可置於躺臥者雙腳之間。當躺臥於地者將雙手臂往下移動時，手掌位置置於胸部上方較具運動效果。如果下位者的力量，顯現不足時，雙手臂會顫抖而顯得不安定。如果雙方體重差距過大可能會造成危險，指導前必先確認雙方的體重。

小　知　識

脊　柱

這是指構成高等動物（脊椎動物）身體中軸的骨骼。以人為例，從上依序有7個頸椎、12個胸椎、5個腰椎、5個仙椎及約4個尾椎和32到34個椎骨，呈長柱狀重疊而成身體的支柱。

2　躺臥推壓(B)

≪目的≫

人對於臉孔上或頭部周圍的動作帶有恐懼感。但是，平常如果習慣在這些部位的周邊做動作，即可消除天生具有的恐懼感。日本人忌諱站在他人頭部周邊，不過，利用臉孔上做承受對方而來的壓力或發揮力氣的練習，有助於克服內心的畏懼。頭部周邊的動作帶有緊張感，最適合培養集中力。

≪方法≫

①一人手臂垂直仰躺而臥。站立者站在躺臥者頭部前方一公尺左右的距離，將手與躺臥者的手掌合併。這時，站立者的身體採接近四十五度的前傾姿勢，彷彿一根長柱往前傾倒的姿

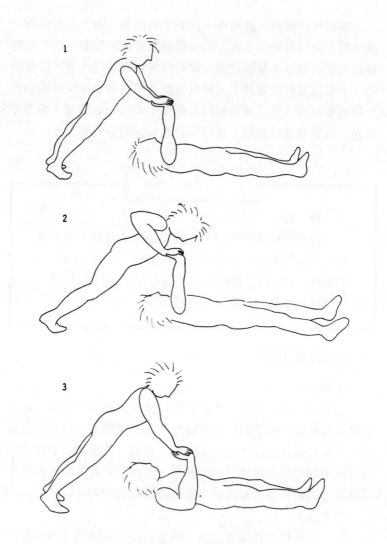

勢。

②躺臥地者筆直伸直雙手，承受對方做伏地挺身的壓力。

伏地挺身的動作如果使胸部靠近雙手肘邊，則更具效果。

③站立者做完伏地挺身後回復到圖1的姿勢，接著改由臥地者以承受對方壓力的姿勢，筆直地彎曲自己的雙臂，再往上抬舉。

≪要點≫

最好呈規律式的運動。以十回到十五回的動作為一套，上下交換。彼此交互進行三套動作後，即可達到效果。站立者必須隨時保持雙膝蓋筆直伸展的姿勢。雙方必須鬆弛肩膀的力氣輕鬆地練習。下位者的雙臂若朝頭部彎曲或傾斜極為危險，這一點應特別注意。

小　知　識

集中法

這是指在競技的練習中並沒有休憩的時間，而連續練習的方法。乃是與分散法對照的方法。必須在一定的時間內做準備或預備運動時，集中法能發揮效果。分散法較容易出現反應的固定化，因而必須有變化的反應時較適合使用集中法。長時間休息容易忘記曾有的練習，而休息後的比賽又是新的開始，因而這時以集中法為有利。一般而言，學習新技術的練習初期集中法較具效果。

3　平行棒伏地挺身

≪目的≫

對方的重心置於自己腳跟，會令人感到不安。自己採仰躺

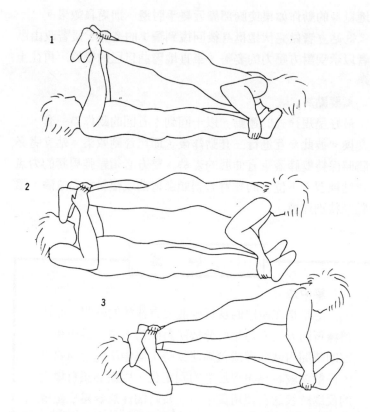

而臥的姿勢，承受對方所做的動作，彼此協力保持美意識的平
衡棒運動。藉由雙方配合呼吸的規律性運動，即可在毫無痛苦
，甚至愉快的氣氛下做伏地挺身運動。這不但可培養運動雙方
的同心協力，更具有揣摩日本式傳統的「阿」「吽」呼吸法的
目的。

≪方法≫

①如圖1上位者緊握住下位者雙腳腕外圍，身體呈筆直狀
。而下位者也用雙手正確地握住上位者雙腳腕外圍。這個狀態

令人聯想起「平行棒」，因而雙方都必須保持身體的筆直。

②上位者是握住下位者雙腳腕而做伏地挺身運動，而下位者則伸直雙手臂保持圖1的姿勢。

③上位者做完伏地挺身，回復原位抬起上半身將要伸直手臂時，下位者彎曲手臂使對方的下半身下移。讓雙腳往下落至雙肩的位置。

④上位者在做伏地挺身當胸前將靠近雙腳腕外圍時，下位者抬起雙腳。換言之，讓對方的身體彷彿翹翹板一樣，當頭部抬起時雙腳置於下方，頭部朝下時則雙腳位於上方。呈平行棒狀態，只有在開始前及決定次數結束這個動作時。

≪要點≫

以十回到十五回為一套動作做練習，上下位置交換。可用快速動作進行，然而雙方的呼吸難以配合則無法進行。自己做伏地挺身時，對方會在下方支撐抬起，以一上一下配合呼吸最為重要。這可強化僧帽肌、三角肌、上臂二頭肌、上臂三頭肌及大胸肌，比一般的伏地挺胸更為有效。

```
┌─────────────────────────┐
│        小　知　識        │
```

阿吽呼吸

「阿」「吽」乃是以漢音字比對梵語而成。「阿」是萬物開展的根源、萬物還原的本體。「吽」是從萬物開展所見的歸著點，從還原處所看的出發點。「阿」是開口呼氣，「吽」是閉口吸氣。在印度自古以來應用於咒法並以這二字做為一切文字、聲音的根本。據說「阿」「吽」被認為是宇宙天地開創時的「太初」及象徵結束時的「太終」的根本真理。換言之，是表

示最初和最後的意思，而這裡則引用為相撲的居中觀摩。當然，以「阿吽呼吸」開始的競技極為少見，其它競技未曾所見。「阿」「吽」極為複雜而深淵，也許它已包括東洋哲學的一切。

4　雙重橋伏地挺身

≪目的≫

藉由上半身承受極重的負荷以強化僧帽肌、三角肌、廣背肌等肩膀周圍的肌肉，期待肌力增強。同時，也可強化上臂三頭肌、上臂二頭肌及上臂肌、尺側手根伸肌、指伸肌等手臂重

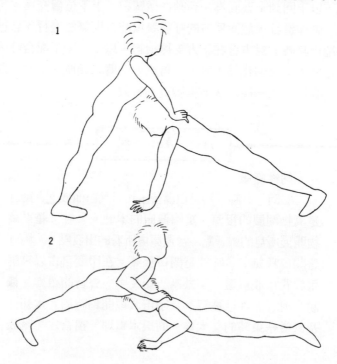

要的肌肉。同時，藉由施加負荷可正確地做伏地挺身。事實上，能正確地做伏地挺身者並不多。

≪方法≫

①立起腳尖挺直阿基里斯腱，採正確伏地挺身的姿勢。站立者伸直手指置於對方兩肩略偏內側。這時，所站的位置是在站立者也能做伏地挺身的距離。稍採前傾姿勢，必須注意重心置於腳尖。

②首先由下位者先做伏地挺身。接著改由上位者做伏地挺身（圖 2）。

③上位者伸直手臂抬起上半身。抬起之後改由下位者抬起上半身。這個動作的負荷相當大，雙方都必須緊縮身側做伏地挺身。

≪要點≫

兩者都必須確實用腳尖做運動，將阿基里斯腱做最大限度的伸長最為重要。必須在腹肌施力、雙腳膝蓋伸直，保持腰身的挺起。上位者雙手擺放的位置如果不當，則無法使下位者發揮力量，因而必須正確地置於雙肩稍內側處。以十回左右為一套動作，交換上下位置連續做二～三套動作，是相當有效的伏地挺身運動。

小　知　識

阿基里斯腱

　　阿基里斯乃是希臘的英雄。根據神話的傳說是佩蕾絲和堤迪斯的兒子。在荷梅羅斯的詩中是活躍的希臘武將，被歌詠為武者。據說他深愛帕特羅克羅絲因他的戰死身為主祭主持葬禮競技，以慰藉帕特羅克羅絲的亡魂。他的勇武被象徵化而有「阿基里斯腱」等

的代號。阿基里斯腱也稱跟骨腱。

　　這是由腓腸肌及比目肌的終腱合成的強韌腱，附著在跟骨隆起部。如果沒有做準備運動，經常會折斷阿基里斯腱。

5　親子伏地挺身

≪目的≫

　　正確地做伏地挺身時可強化雙手臂及上半身肌肉。而且，有助於提高心肺機能。但是，一般都無法正確地做這麼單純的運動。在此介紹的親子伏地挺身是從後方給予配合，以便做正確的伏地挺身並加強其效果。

≪方法≫

　　①立起腳尖挺直腰身，採正確的伏地挺身姿勢。另一人雙腳跨立站在後方，雙手置於對方雙肩上。所站的位置最好接近雙膝蓋周邊。

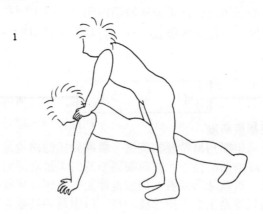

1

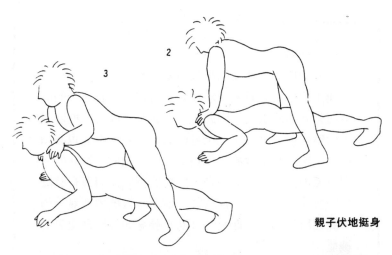

親子伏地挺身

　　②居下位者手臂略夾著身側做伏地挺身。上位者將自己的體重置於對方的兩肩。腰身稍微抬高有如折曲上半身，將手置於對方肩上。

　　③當下位者做伏地挺身，使胸部靜止在地板上側時，接著由上位者做伏地挺身。然後上位者挺直手臂抬起上半身，接著再由下位者也抬起上半身。做如此的反覆動作，是負荷極大的訓練。

　　≪要點≫

　　手臂夾著身側做伏地挺身。如果手所放置的位置偏離肩膀，會造成負荷過大而無法抬起上半身。總而言之，這是負荷相當大的訓練。最好以五回到十回為一套動作，頻繁地交換練習。

```
┌─────────────────────────────────────┐
│            小    知    識            │
├─────────────────────────────────────┤
```

心肺機能

　　輔助持久性作業的呼吸循環器系的功能並不單純
，而主要是供給氧氣。肌運動的持續必須有充分的氧
氣與營養素的供給。因此，肺部必須迅速地交換廢氣
，而輸送這個廢氣，至全身的循環器系的機能也必須
健全。所謂心肺機能，就是指這個管道的一切功能。
與氧氣能力供給相關的是，肺部的換氣能力與有關廢
氣交換的各種條件。換言之，這是包含肺內廢氣分佈
、肺包膜的性狀、血液的性狀及肺循環等體循環等的
機能。

6　手推車伏地挺身

≪目的≫

　　若要強化大胸肌以手推車伏地挺身最具效果。而且，也有
助於隱藏在大胸肌下層的小胸肌的強化。所以是強化胸圍整體
。也可擴大胸圍增強腕力。採站立姿勢扶住對方雙腳的人，完
全處於輔助立場因而是在休養狀態，可以為下個運動全力投入
激烈運動與休養的對照，乃是手推伏地挺身的醍醐味。

≪方法≫

　　①一人採伏地挺身姿勢，站立者握其雙腳腕（圖1）。

　　②從伏地挺身的姿勢在空中做拍手動作（圖2）。雙手落
地的同時做伏地挺身（圖3）。手臂夾住身側。

　　③手臂彎曲直到胸部貼靠地板的位置，當手臂伸展時，如
圖2做拍手動作。換言之，做伏地挺身之前拍手，在結束之前

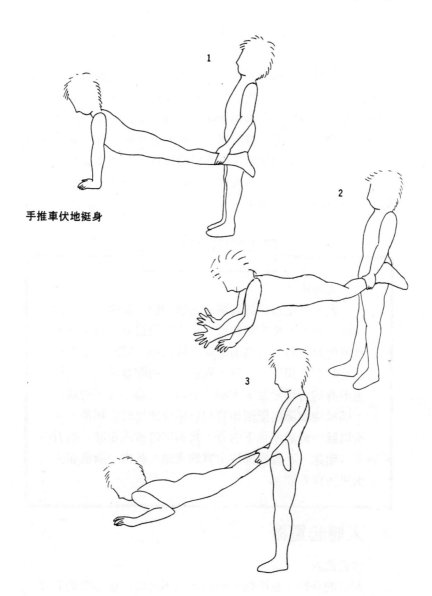

手推車伏地挺身

也拍一次手。必須隨時保持膝蓋筆直、腰身挺起的姿勢。

≪要點≫

　　將手臂彎曲直到胸部貼近地板的程度。拍手後所落地的位置不同，只要順勢做伏地挺身即可。藉由每次伏地挺身的位置不同而在所應強化的肌肉轉移處拍手具有效果。儘可能發出聲音用力地拍手。隨著次數的增加，腰身會漸漸下移，而雙膝也會呈彎曲。如果手臂偏離身側而持續動作，會加強負荷，一套動作難以持續十回。手臂夾住身側的習慣不僅能矯正身側的失防，也具有持久性的效果。

小　知　識

大胸肌

　　大胸肌是指位於胸部最表層的強大肌肉，有鎖骨、胸骨及其上位的肋軟骨、腹直肌鞘組成，聚集在上外方位於上臂骨上端前面使上臂內轉。同時，手臂被固定時會抬起肋骨。當大胸肌發達胸圍會增大，使得上半身的力量變強。大胸肌下層有稱為小胸肌的肌肉，同樣從胸部前壁開始直到肩甲骨的烏口突起部。小胸肌延伸到肩甲骨下內方，當肩甲骨被固定時，肋骨會被抬起，不直接操縱上臂的運動。其實小胸肌和大胸肌一樣重要。

7　人體起重機

≪目的≫

人體的身後不長眼睛。所以，並不習慣往後傾倒的動作，

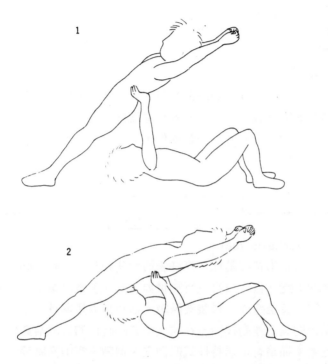

而對這樣的動作會感到恐懼。同時，保持身體筆直彷彿木棒倒地一樣垂直倒向後方，需要有相當的勇氣。用雙手臂支撐對方而以不安定姿勢做推高的動作，不僅能培養這股勇氣也有助於臂力強化。這種人體起重機屬於初步的特技運動，可以使人習慣於平常鮮少經驗的背面姿勢。

≪方法≫

①躺臥者立起膝蓋，如圖1用雙手支撐有如棒狀的對方。手貼靠在身側偏下方的位置。

②下位者支撐著對方，彷彿平衡台上舉重的感覺，慢慢彎曲雙肘。當對方的身體靠近臉孔時停止動作（圖2），接著抬

起對方回復到圖1。

③上位者筆直伸出雙手身體固定在一個地方，絕對不可滑到側邊。

≪要點≫

這是上下二人都感到恐懼的運動，同時，根據下位者支撐上位者身體所擺放的位置可能會有搔癢感，而容易破壞正確的姿勢。以十回到十五回為一套動作，上下交換，反覆二～三套運動後即可熟能生巧。

┌─────────────────────────┐
│   小　知　識   │
└─────────────────────────┘

Acrbatic feat

這是指特技動作，喜好表演性運動乃是冒險心強者的本能。自古以來流行於世界各國。多數是專業的行家，甚至造成一種職業階級。這乃是力量與精巧性結合的高度運動技術。在埃及中帝國時代的貝尼哈桑壁畫中描繪有這類特技式的倒立、迴轉、空中高跳等模樣。古希臘也流行，各種的瓶畫或文獻上可見曲馬或走鋼索的圖樣。到了中世紀的騎士階級的馬術訓練上也流行繞轉、空中彈跳特技。至於日本的越後獅子，也屬於特技性的一種運動。

---

8 人體舉高

≪目的≫

這是利用瞬發力舉起對方的運動，如果雙方的呼吸不協調，做起來非常困難。但是，只要練習數次互相吆喝以發揮協調

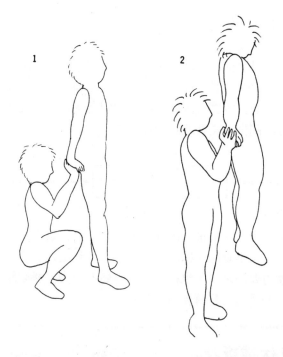

性，任何組合都可輕易地練習。抬舉對方者必須夾緊側身，這有助於肩周圍肌肉的強化，而被抬舉者則能幫助培養均衡感與平衡感。

≪方法≫

①下方者蹲立，在臉孔前與對方手掌相合。被舉高者腰身稍微下降，以便於彈跳。這時，身體呈棒狀儘可能挺直胸膛。

②雙方利用倒數調整呼吸，然後一氣做抬舉的動作，而被抬舉者必須抬舉的彈力做跳躍動作。這個時機的掌握可能需要一些練習。

③手掌如圖2狀，雙方都保持水平。舉高者儘可能努力使身體如長柱般地筆直。夾緊雙身側挺胸以支撐對方的重心。被

舉高者也挺胸，不僅身體，雙手臂也要保持筆直伸展。

　　≪要點≫

　　脊柱若不筆直伸展，則無法施力並承受重量。如果二人同心協力，必可瞭解乍看下顯得困難的雙人運動，其實不如想像的難。這可以發揮協調性訓練及呼吸的配合。可以十五秒到二十秒的支撐時間做為交替運動的期間。

小　知　識

瞬發力

　　這是指肌肉纖維藉由瞬間性的收縮發揮最大肌力。一般當用垂直跳、擲球、跳遠等來測量這個肌力。這是體力要因之一，也被譬喻為身體的彈力。雙腳膝蓋關節的彈力乃是瞬發力的基本。

9　倒立伏地挺身

　　≪目的≫

　　在運力運動中發揮肌肉持久力的雙人運動，以倒立伏地挺身最具效果。保持這個平日不太習慣的姿勢做伏地挺身的同時，在支撐自己的體重下做運力運動，並強化手臂與肩膀的肌肉。而且，根據倒立的角度也有助於強化背肌力。這個動作的負荷極大，呼吸必須和做重力訓練時一樣，隨著力量的出入做明確的練習。

　　≪方法≫

　　①讓夥伴從後方握住腳腕而倒立（圖1）。腰身挺直、雙手臂筆直伸展置於地板上。

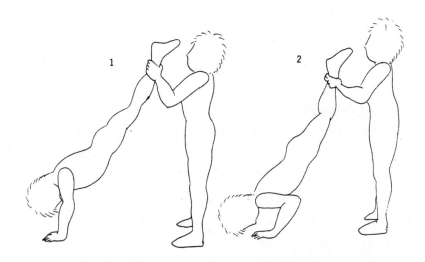

②儘可能使胸膛貼近地板，做屈臂的伏地挺身。站立者即使對方的腳往下墜落也不放手。

③做正確的伏地挺身。如果不夾緊身側彎曲手臂，則難以再挺起身體。

≪要點≫

伏地挺身的目的是藉由夾緊雙身側進行運力運動，以矯正身側的鬆弛。並非利用反動迅速地做伏地挺身，而是正確、緩慢地進行。動作中膝蓋會漸漸彎曲、腰身會往下跌落，應儘可能地保持身體筆直的狀態，利用美麗的倒立姿勢做伏地挺身。站立者喊出聲為其激屬或代數次數，可以增強對方的堅持。腕力不夠者不要勉強強求，只做倒立運動即可。這可發揮最大肌力，以五回左右的次數交換動作最適宜。

┌─────────────────────────────────┐
│   小　知　識   │
│   │
│ **運力運動**   │
│   一般所謂的運力運動，是所使用的肌群範圍幾乎 │
│ 涵蓋全身的運動。形式並非閉鎖，而是自由開放式。 │
│ 在努力的極限上多半會感到痛苦，持續練習時有時會 │
│ 傷害到心臟。這可增大諸肌肉的粗壯，但會減少其彈 │
│ 性。呼吸、血行及全物質代謝會大大地提高。相撲、 │
│ 角力、柔道等格鬥技都屬於運力運動。   │
└─────────────────────────────────┘

10　搖搖晃晃倒立

≪目的≫

不論再粗大的樹木，只要大風吹樹幹也會搖擺。因此，根
會廣佈於地底下。在此練習的搖搖晃晃倒立，正是保持倒立狀

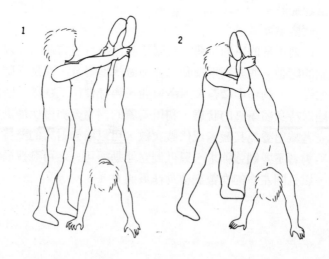

態接受風吹的訓練。站立者握住對方的雙腳腕往左右搖動，給對方雙手臂不同的負荷，讓其保持均衡維持倒立姿勢。同時，倒立者儘可能立起五根手指倒立。藉由這個動作有助於強化前臂肌內。雖然強化前臂肌肉的方法不多，而立起手指的倒立最具效果。

≪方法≫

①站立者扶住對方雙腳腕以支撐其倒立的動作，而站在左或右一方（圖1）。有時將其雙腳併攏，有時分岔其雙腳，做左右搖擺。

②做小動作的搖晃或如圖2用力搖擺，增加對方的負荷。這時可併攏其雙腳或岔離其雙腳搖動。

③站立者站在左或右方，隨時改變站立位置。可以改變各種搖晃方式，譬如緩慢而幅度大的搖擺或快速，或小幅度地晃動。

≪要點≫

在二十秒到三十秒的倒立時間搖晃對方，如果立起手指做二十秒的倒立動作相當辛苦。將立指倒立與一般倒立交互應用，則可連續做三、四套運作。不但可以培養均衡感，也可期待雙肩與雙臂的強化，而站立者也能培養均衡感。

小　知　識

倒　立

　　倒立的倒字是指顛倒方位，藉由支撐身體的一部份使頭朝下、腳朝上挺立的姿勢，稱為倒立。一般所謂的倒立是雙手倒立的簡稱。因此，根據支撐部位而有前臂倒立、頭倒立、頸倒立、單手倒立、立指倒立

等方式。倒立的目的是一種平衡技巧，其目的是保持
所倒立的姿勢。最理想的乃是肩的角度充分地散開，
使身體保持一直線的倒立。

11 機器人擴張臂

≪目的≫

利用伏地挺身可十足地強化肩周圍的肌肉，然而卻不容易
強化肩甲舉肌或菱形肌等背部肩周圍的肌肉。這裡所介紹的機
器人擴張臂，是利用靜態訓練法以強化後背的肌肉。由於這和
器具不同施力的強弱並不一定，因而在沒有規律性的運動下反
而會增強效果。同時，請各位不要忘記靜態訓練法也是做為肌
肉收縮的訓練法。

≪方法≫

①如圖1所示，一人站在後方握住前方者的雙手腕。兩者

機器人擴張臂

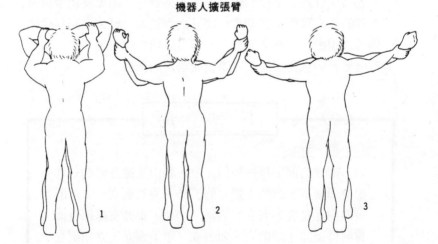

1　　　　　2　　　　　3

幾乎貼近而沒有距離。

　②站在前方者在自己的雙手上用力慢慢地伸展開來。這時要記住朝各種方向伸展，以使用肩膀周圍的各部肌肉。

　③如圖３完全舒展雙手。握住手腕者使勁地用力和對方伸展的力氣格鬥，儘可能阻礙對方手臂的伸展。

　≪要點≫

　伸展手臂者如果左右伸展的方向不同，肌肉的發達也不一樣，這一點應特別注意。而握手腕者隨著第一回、第二回次數的累積，慢慢地改變握手臂的位置，藉此改變對方用力的方法。伸展手臂者在用力時通常會採前傾姿勢，腰部往後移，其實儘可能保持直立的姿勢。

小　知　識

肌收縮的種類

　①靜態收縮（又稱等尺性收縮）

　是指肌收縮力不產生作用力的狀態，肌長不改變的收縮。

　②短縮性收縮

　指肌長變短收縮狀態的收縮。這時收縮力是作用於外部的物體。即使受到強大的刺激，短縮性收縮時的收縮力比等尺性最大張力來得小。

　③伸長性收縮

　肌長變長呈延展狀態的收縮。施於肌上的外力造成作用，肌變成機械要素的彈力。充分受到刺激時的收縮力比等尺性最大張力來得大。

12　木棒人抬舉

≪目的≫

抬起物品時必須用到臂力和肩周圍的三角肌、僧帽肌，同時也會使用廣背肌。但是，鮮少有增強廣背肌的方法，而在此介紹的木棒人抬舉最適宜。廣背肌給人身體架構的印象，其實它不僅是使身體看起來美觀的肌肉，事實上在抬舉物品時有其重要的作用。

≪方法≫

①一個人呈木棒狀躺臥在地。站立者用雙手握住呈木棒狀者的頸部，一口氣將其抬高到自己的胸前。

②徐緩地放下再抬起來。手離開對方的頸部會造成危險，必須雙手指頭交叉或手腕交握，以避免手偏離對方的頸部。

③呈棒狀者必須注意不可彎曲腰部，使身體呈「＜」字形

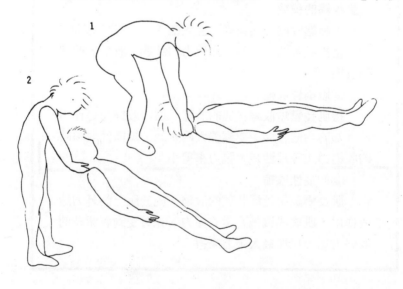

。挺直背脊雙手固定在身體兩側。

≪要點≫

以十回動作完畢交換一次，連續做二～三套動作。呈棒狀者必須在腹肌施力，練習腹肌運動。抬高者的手要手指交叉或手腕交握，不論在任何狀態下都不可放鬆手。這也是訓練夾緊雙身側矯正身側鬆弛的訓練。抬高時如果腰部往後拉，非但難以施力也可能使對方落地，請注意危險。

```
┌─────────────────────────────────┐
│          小　知　識              │
│                                 │
│  肌肉的三種類                    │
│    (A)「平滑肌」——也指存在於胃、腸、氣管、血  │
│  管等內臟的內臟肌。另外，由於無法憑意志作用做隨  │
│  意收縮，又稱為不隨意肌。平滑肌細胞呈紡錘狀，細  │
│  胞內有個核和呈縱向的多數肌原纖維。            │
│    (B)「橫紋肌」——附著在骨骼上的肌。又稱支持  │
│  身體、主掌運動的骨骼肌。可隨意收縮又稱隨意肌。  │
│  細胞呈圓柱狀非常長，有多數的肌原纖維。        │
│    (C)「心肌」——存在於心臟壁的特殊肌。細胞呈  │
│  短圓柱狀，分支連絡呈網路。又有一個核其中呈多數  │
│  縱向的肌原纖維。因無法隨意收縮屬於不隨意肌。  │
└─────────────────────────────────┘
```

13　頸垂懸

≪目的≫

垂懸運動一般是利用鐵棒。藉由手握鐵棒的握力有助於前臂及手臂整體的強化。而頸垂懸是讓自己的胸部做為對方靠近

的垂懸，因而比鐵棒的運動價值低，但是，基於從不習慣的姿勢發揮力量，與在不安定的狀態下運動的觀點而言，這是具有不同旨趣的力發揮的效果。同時，站立者必須使自己的腰部呈く字形，並保持這樣的姿勢，因而有助於背肌的強化。

≪方法≫

①身體呈棒狀，雙手垂掛在站立者的頸部。以對方的頸當做鐵棒，讓自己的胸部貼近對方做垂懸運動。

②站立者採取穩健的預備動作，保持均衡。雙手置於雙膝上，以避免身體傾倒。

③站立者是訓練保持身體均衡又可強化頸及背肌力。做練習時必須理解這一點。

≪要點≫

鐵棒的垂懸並不太需要腹肌的力量，而頸垂懸要隨時保持身體呈棒狀，因而是一種手臂運動及腹肌運動。站立者位於頸部後方平常難以強化的板狀肌、後耳介肌、後頭肌等可獲得強化，同時也能強化位於頸兩側的胸鎖乳突肌。同時，站立者如果將雙手置於腰後，也可強化背肌力。

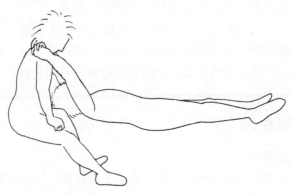

```
┌─────────────────────────────────┐
│          小   知   識            │
```

垂 懸

　　垂懸有①鬆弛肩力下垂的「長垂懸」，②在肩帶施力保持鎖骨水平而下垂的「短垂懸」兩種。戰前基於增強體力與重視姿勢的觀點而主張短垂懸。但是，隨著體操競技的發展，基於運動經濟性的觀點，長垂懸的價值漸漸受到重視。根據垂懸時身體姿勢的變化，又有正面垂懸、背面垂懸、倒垂懸、屈身垂懸、水平垂懸、反手垂懸、順手垂懸等各種稱呼。

14　腹肌活塞

≪目的≫

　　腹肌的強化最為重要。這個運動不僅能強化腹肌，也能促進胃、腸等內臟諸器官的機能。一般所謂的腹肌其正式名稱是腹直肌，這個運動也能使兩側的外腹斜肌發達。這是消除腹部脂肪不可或缺的訓練。

≪方法≫

　　①躺臥在站立者的腳側，用雙手握住其雙腳腕。這時雙手必須筆直伸展。

　　②雙腳抬高貼近對方的身體，尤其是臉面。這時，儘量將雙腳高舉如圖1所示，接近肩附近。

　　③站立者將對方高舉的腳的腳腕或腳掌，用力地往後方或左右、斜側推壓回去。臥地者的雙腳要著地，保持靜止於高出地面五公分的位置，然後立即將腳舉高到原來的高度（圖1）。如此反覆動作，最好從各種角度的方向壓回所抬高的腳。

腹肌活塞

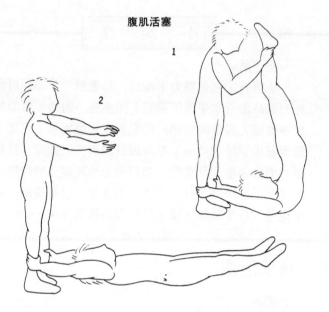

≪要點≫

　　被用力壓回的腳，保持靜止於高出地面五公分的位置，然後再迅速抬高到原來的高度。只要有速度，效果更佳。如果握住腳腕的握力弱，則難以發揮速度與力量。有時把左、右腳各自朝不同的方向壓回，更能提高效果。以二十回到三十回為一套動作，反覆進行三～四套動作。

┌─────────────────┐
│　小　　知　　識　│
└─────────────────┘

外腹斜肌

　　從腹壁外側部的後上方往前下方分佈的肌，和外肋間骨肌同一個方向。內側邊緣是腱膜。腱膜的下緣部特別強韌，構成恥骨結合前面及鼠蹊韌帶。

內腹斜肌

位於外腹斜肌的下層，與其呈交叉方向的內肋骨肌呈同一方向的肌。內側緣是腱膜，前後分成兩葉，包住腹直肌的前後兩面，外腹斜肌的腱膜附加在前葉的表層，腹橫肌的腱膜附加在後葉的表層給予補強。

15　飛　鳥

≪目的≫

彎曲各部位關節的肌肉與伸展的肌肉是否取得均衡？身體如果缺乏柔軟性即使有肌力也無發揮之地。而且，如果對動作不敏感，在緊要關頭肌力並無法發揮作用。動作的僵硬是調節力不足所造成，無法自由自在控制自己的身體是浪得身為「動

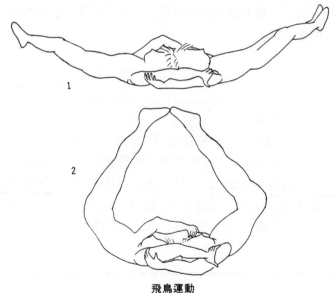

飛鳥運動

物」之人。飛鳥運動的意義在於彼此做腹肌運動並培養調整力。這時上下肢都應變成柔軟的關節。

《方法》

①雙方頭頂住頭躺臥在地。兩者都如圖1所示，彼此抬高上手臂握住。

②雙方調整呼吸，各自將腳尖抬高直到交合於頭頂處。如果沒有握緊彼此的手臂會因反動而分離。

③雙方腳尖碰觸後立即將腳落下，而在靠近地面的五公分高的位置靜止動作。反覆腳步抬高再落下的運動。

《要點》

腳儘量抬高讓大部份的背離開地面。將腳做抬高擺下的運動時，要彷彿鳥展開翅膀飛翔一樣地，帶著衝勁。關節確實地伸展，彷彿做柔軟運動一樣。呼吸配合之後即提高速度，也可增加次數。一套運動以二十回為限度，只要練習三～四套就有相當的運動量。

```
┌─────────────────────────────────┐
│        小　知　識               │
└─────────────────────────────────┘
```

調整力

Coordination 是指調整力的意思。這是如何迅速且靈巧地控制手足與身體並活動的能力。正如調整力也被稱為敏捷性，是指迅速地朝其他方向運動而在 Skill 的技術面上可以完全回復到原狀的能力。若要回復這種能力，必須反覆數次地練習重要的身體活動。

16　特技騎士

≪目的≫

雖然身體前屈的動作非常重要，不過，在日常生活幾乎沒有機會讓身體後屈。以安全的身體姿勢暢快地做後屈動作，不僅能刺激脊髓，也可做腹肌運動。身體呈弓弦狀反翹也能造成內臟各器官的刺激。可兼做柔軟運動及腹肌訓練的特技騎士，可謂一箭雙鵰的運動。

≪方法≫

①一人匍匐在地，另一人乘在其腰部。下位者用雙手按住騎者的雙腳使其固定。

②騎坐者雙手交握於後頭部，使上半身往後方反翹。反翹時儘可能靠近地板效果更大。

③也可不要將手交抱在後頭部而平舉雙手在頭上。下位者必須隨時固定騎坐者的身體的姿勢。

≪要點≫

特技騎士

騎坐位置儘可能考慮雙腳能平直伸展再決定。一套運動約二十回，交換位置做二～三套運動。有不少人身體僵硬並無法往後彎曲，這時儘可能地讓身體往後彎曲。下位者當馬的人使自己像一隻穩健的馬，以避免造成騎乘者的不安。如圖2所示，如果騎乘者的腳上揚變得不安定時，就無法做規律性的運動，因而，必須將全身的體重壓住對方的腳掌使其固定。

小　知　識

脊　髓

　　這是指位於脊柱管內呈長圓柱狀柔軟的白色器官。上面延伸到延髓，下面的尾端在第1第2腰椎處呈圓椎狀。由灰白質和白質構成，擁有神經中樞主掌反射運動，是神經纖維的通路。脊髓負傷時會變成植物人或半身不遂。因此，平常應訓練保持柔軟性，並培養保護脊髓的意識。

17　烏龜翹翹板

≪目的≫

　　這可以強化頸部的板狀肌。其實用上半身支撐對方的體重或重心並不容易。而烏龜翹翹板運動，不僅上位者可做腹肌運動，下位者也能訓練。而且，上位者在腳部用力時腳會自然地伸直，為了防止腳伸直保持安定的身體姿勢，下半身也必須用力。顧慮到對方重心的移動並保持安定姿勢。對下位者而言當然是全身運動。

≪方法≫

烏龜翹翹板

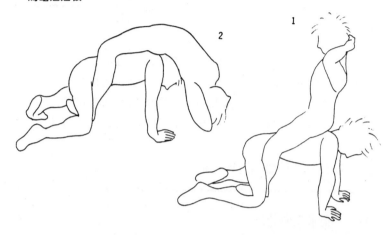

①上位者將雙腳腳腕插入對方的內腿運用腳掌使其固定。臀部騎在對方的肩膀上，對上位者造成負荷。

②雙手交握於後頭部，將上半身反翹使頭部靠近地面。這時要注意臀部位置不要偏離肩膀，然後反覆數次動作。

③這是強烈的腹肌運動，如果上位者的腳部伸展，下位者的腳部也會被迫伸直。這時下位者的姿勢會崩壞呈棒狀地伸展開來。上位者可能朝後方傾倒，因而下位者必須慎重以待。

≪要點≫

上、下位者都是強烈的訓練。因此，以十五回到二十回為一套運動，連續做二～三套會感到疲勞。不過，上位者如果不將臀部置於對方肩上，則負荷較小，這時就不是激烈的訓練。如果把臀部置於肩上，可促成頸部運動而強化板狀肌。下位者在運動過程若不謹慎，有時會發生危險。

┌─────────────────────────────┐
│　　　　　　小　知　識　　　　　│
└─────────────────────────────┘

　　重　心

　　物體各部份所發揮的重力作用和等價合力作用的點。質量重心、重力中心、身體釣合、均衡、平衡。在格鬥技上如何移轉重心以丟擲對方，乃是技術所在。至於「崩倒」的技術乃在於搖動重心造成不安定姿勢。「Balance」是指重心的安定度，其移動的技術就和競技的強弱有密切關係。

18　乘膝腹肌

≪目的≫

　　不安定、不習慣的身體姿勢對培養「Balance」極有幫助。

　　從這種的姿勢做訓練時，可以增強平時鮮少被強化的肌肉。同時，從「騎膝腹肌」運動可使人瞭解人的膝蓋多麼地強韌，足以承擔重量的事實。我們出乎意外地對人體之強一無所知，同時也不去探知。這個運動可以培養這方面的好奇心。

≪方法≫

　　①下位者伸出腳屈膝，將雙手置於後方以支撐上半身。上位者將雙腳置於對方雙手的內側伸直，坐在對方的兩膝上。

　　②上位者將雙手抱住後頭部，雙腳抬高直到被對方兩身側夾住，上半身往後方反翹。

　　③使上半身反翹直到碰觸地面，然後挺起上半身做腹肌運動。下位者用雙手夾住其兩腳腕，給予固定或用身側夾住都行。

≪要點≫

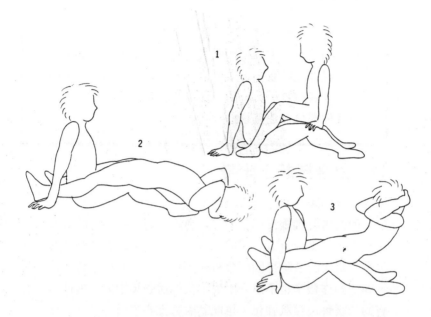

　　騎在膝蓋上自然會使膝蓋漸漸地張大角度，最後迫使腳伸直，這時下位者必須固定膝蓋，儘可能縮小張開的角度，做成較高的拱橋狀。有些人做這個運動會覺得臀部疼痛，其實只要迅速地反折上半身，就不會感到疼痛。由於腳的固定稍嫌不安定，會使人在腹肌用力而具有超乎想像的效果。以十回到十五回為一套運動、上下交換位置練習。

小　知　識

平衡感覺

　　這是指知覺到空間中頭部位置及前進、迴轉動作的速度變化等的感覺。受感器是內耳的前庭器官和膜半規管，前者是位於有毛細胞上的耳石，會因頭傾斜

或運動速度的急遽變化，往一定方向偏離而造成前庭神經的興奮。壓曲位於膨大部的平衡頂刺激有毛細胞使前接神經興奮，造成迴轉的感覺。這個感覺的中樞位於大腦皮質，與位置、運動的調節有關，因而腦幹及其他部位存在著這些反射中樞。

19 對坐挺起上半身

≪目的≫

做為腹肌訓練是相當劇烈的運動，對抱住對方的人而言，必須完全地支撐對方，因而變成全身運動。兩者運動都激烈又具有相當大的危險性因而會有緊張感。訓練過程中帶有緊張感，即使動作艱辛也不感到困難，又能增強集中力。抱住他人者有助於腰骨及腰肌強化，也能訓練將重心擺低。

≪方法≫

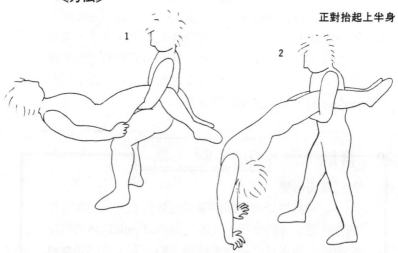

正對抬起上半身

1

2

①抱住對方雙腳的膝蓋部份，或略高於膝的部份。若不確實地抱住會有危險。

②被抱住者在腹肌用力，雙手平伸抬起上半身。反覆做這個動作。

③抱住他人者夾緊身側，雙臂用力將重心下移，避免搖擺不定而保持平衡。缺乏腹肌力者可如圖 2 所示，將雙手置於兩身側。

≪要點≫

抱住他人者，儘可能在較高的位置抱住對方的雙腳。當對方抬起上半身時，負荷會增大彷彿抱住極重的物體。上半身稍往後仰，隨時顧慮保持安定性。總之，這是危險性相當高的訓練，必須專注而正確地練習。

```
┌─────────────────────────────┐
│         小　知　識          │
├─────────────────────────────┤
│                             │
│   腰　肌                    │
│     起自腰椎從其外側下降鑽入鼠蹊韌帶下方，從大 │
│   腿上部內側出現銜接大腿骨的小轉子。區分為大腰肌 │
│   與小腰肌，也會強化隆起呈堤防狀，位於自然體的小 │
│   骨盤腔的形成。                 │
│                             │
└─────────────────────────────┘
```

20　背肌蝴蝶運動(A)

≪目的≫

面對趴在地上的夥伴，將頭朝向其腳側跨坐其上，做背肌訓練。這個效果非常強烈，也適合做為腰痛的復健，背肌的訓練會強化包圍中殿肌、大殿肌等腰骨的肌肉，也可使腰部強健

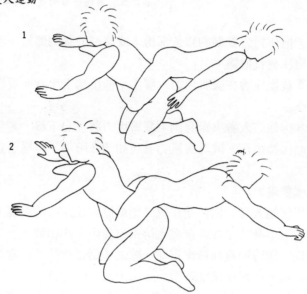

。醫學上認為腰痛和背肌力衰弱有關，正因為如此，必須加強背肌力的鍛鍊。

≪方法≫

①頭部朝對方腳側跨上而坐，雙腳置於對方雙手臂的內側，使其固定。

②雙手伸開在背肌用力，保持水平位置。

③下位者使身體呈垂直狀地抬起上半身。若能伸展雙手即可強化背肌，如果辦不到，則將雙手保持在腰部附近。

21 背肌蝴蝶運動(B)

≪方法≫

①雙腳掛在對方手臂內側，使其固定並用力。

②雙手擺在背後讓上半身做上下擺動，做為背肌訓練。以十回為限度，交換位置訓練。

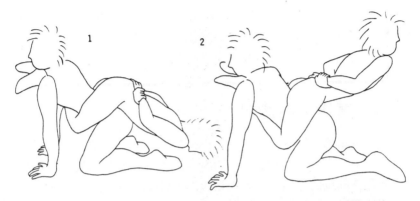

③儘可能抬起上半身。保持趴在地上姿勢，穩住可能抬起身體。

≪要點≫

背肌訓練是最沒有人緣的訓練法。一個人練習絕不會找這個訓練法來做。正因為利用雙人運動才可能做這樣的練習。背肌力衰弱乃是造成腰痛的原因，因而運動員幾乎可說脫離不了必須鍛鍊背肌力的宿命。背肌力乃是全身能力的根源，利用空暇應該嘗試在此所介紹的背肌蝴蝶運動。

小　知　識

Rebabilitation

雖然被譯為更生指導、回律指導，目前沒有適當的翻譯來傳達其所涵蓋的內容。若從純醫學的立場而言，Rebabilitation 是指對身體障礙者做廣義的外科性治療及物理治療，並傾注全科的總力使其回復到受傷以前狀態的過程。但是，一般而言，是指對於一旦終止醫學方面的處理後，運用社會整體的能力進行身

體上、精神上或職業上更生指導的廣泛過程。近年來、
體育、競技指導者們也認為應該保持 Rebabilitation
的指導技術而漸漸出現國際性的顧問。

22 背後上體翹起

≪目的≫

基本上是強化背肌力，而對抱住者而言可培養均衡感又可
強化往前拉的臂力。東方人和西洋人相較起來具有上半身較脆
弱的弱點，如果用可輕易鍛鍊上半身而強化的方法，也可學習
抱人的要領。抱住人體重心的偏下方可減輕沉重感，而輕易地
抱住。

≪方法≫

①從後方雙手交抱住對方的腹部下方，夾緊身側，緊緊將
對方抱在胸前。

背後上體翹起

②膝蓋稍微彎曲腰身略為下降，保持身體均衡。然後將重心置於後腳跟。脊柱必須筆直伸展。

③被抱住者雙手抱住頸部，當胸部反翹完畢之後，再將頭部朝下滑落直到靠近對方的膝蓋側。反覆這個上下運動。

≪要點≫

對抱者而言是訓練平衡感與強化腕力，而被抱者則是背肌力的訓練。這個運動非常激烈，一套運動以十回為適宜。不過，抱者抱法不當會有危險。被抱者剛開始呈趴在地面的姿勢，而由抱者從後方給予抱住。同時，被抱者不可忘記把雙腳交叉在對方的背上。這也是預防危險的對策之一。

小　知　識

背肌力

這是指伸展彎曲的背肌從地上抬高而得的最大重量。一般是用背肌力計測定。背肌有如身體根幹的伸展肌，擔任姿勢的保持及作業的重大功能。總之，背肌是位於頸胸腹部背面的肌群，分為淺背肌群和深背肌群。淺背肌由僧帽肌、闊背肌、肩甲拳肌、大菱形肌、小菱形肌所構成。深背肌則由上後鋸肌、固有背肌等構成。

23　劈腰上體抬起

≪目的≫

「四股」是力士的重要運動之一。這本來是鎮魂禮儀中的儀式，曾幾何時變成把重心下移的運動。劈腰具有兩個目的。

劈腰上體抬起

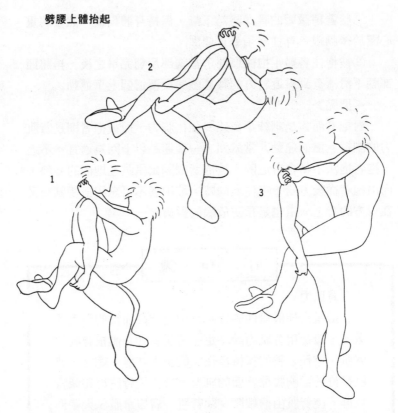

其一是使骨關節柔軟，其二是增強安定性而把重心下移。「劈
腰上體抬起」為的就是這兩個目的，以及頸部的強化。

≪方法≫

①以採四股的姿勢抱住對方。做預備動作時雙腳充分地張
開膝蓋略往前屈，腰部略往後垂而下移。

②被抱者用雙手交握在對方的頸部後方。然後將上半身往
後翹起以增強負荷。

③抬起頭挺起胸以便將對方抬起。劈腰者雙手最好在腰後

交叉，不任其游盪可獲得較大的效果。

≪要點≫

習慣腰身抬高者在做格鬥技時，常造成致命上的疏失。這個運動可以矯正腰身過高，並增強背肌力與頸部強化。也具有使骨關節柔軟的目的，因而必須注意蹲好馬步，抱者在抬起時必須將膝蓋朝外張開。劈腰不只是把腰身往下降，必須慢慢地張開大腿使腰身下移。這是危險性偏高的訓練法，多少帶有一點緊張感。

小　知　識

骨關節

所謂骨關節簡言之乃是雙腳的跟部、大腿的關節。由寬骨臼和大腿骨頭的球關節構成，和上肢的肩關節一樣。不過，與肩關節比較起來，運動領域顯著地受到限制。其運動是在穿過大腿骨頭中心的三個軸的周圍進行。主要的運動有牽直線曲線內轉、外轉、呈水平的前後軸曲線內轉、外轉、呈水平的左右軸曲線屈身，以及這些運動綜合而成的迴轉運動。骨關節的軟、硬會左右運動技術已勿庸贅言。如果每天在這個部位做點運動應可使其漸漸軟化。

24　夾剪刀

≪目的≫

用雙肩扛起一個人必須有穩健的足腰。而且，肩上的人若動起來還必須考慮其重量的轉移，保持身體的均衡。這是使扛

夾剪刀

　　起者訓練保持均衡，而令被扛起者與恐懼感戰鬥，並強化背肌
力的訓練。用雙腳彷彿夾住剪刀一樣，鎖住對方的脖子，而對
方確實地握住腳腕，則無太大危險性。各位不妨放下膽子挑戰
看看。

≪方法≫

　　①首先，二人面對相視，其中一人稍微下降腰身將頭鑽入
對方的股間把對方扛起。

　　②被扛起者筆直伸出雙腳，彷彿夾住脖子一般交錯雙腳，
雙手按在對方的腰身。

　　③被扛起者雙手置於後頭部，抬起上半身呈水平狀。接著
再垂下頭來，然後再挺起胸保持水平。

≪要點≫

扛他人者必須確實做好馬步，保持身體均衡。握住對方腳腕時要夾緊身側，以穩住對方的身體，彷彿要按下其雙腳。由於對方被扛起身體會自然移動，因而必須確實地握住其腳腕。被扛起者雙手必須筆直伸展，有如剪刀夾住對方的脖子一般。然後鼓起勇氣挺起胸，儘可能將頭部抬高以訓練背肌。這個姿勢必須保持均衡，並利用不安定的上半身做背肌訓練，乍看下似乎困難，其實比想像的容易，不妨挑戰看看。

小　知　識

肌速度

所謂肌速度是指肌肉收縮的速度。使肌肉快速收縮必須在瞬間施予極大的外力，因而可能造成肌斷裂或肉裂。如果柔軟性、肌力、肌持久力的疲勞回復之後再做運動，即可預防受傷。若要提高肌速度，必須一邊調整速度一邊做訓練。換言之，要綜合性強化所有一切的肌肉。肌速度是產生重大力量，使技術活潑展開不可或缺的運動員的一大要素。

25　空中腰剪刀

≪目的≫

在空中做動作必須有相當的肌速度。在此介紹的空中腰剪刀，是發揮上半身肌速度訓練之一。腹肌、背肌及肩周邊的肌力和其瞬發力，會左右其速度。同時，若要反覆練習必須有肌持久力。空中腰剪刀不僅能提高肌速度，也適合強化肌持久力。

空中夾剪刀

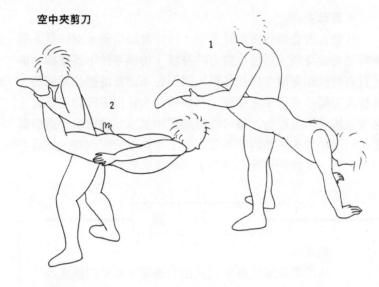

≪方法≫

①背對著匍匐在地的下位者的骨肩站立，夾緊身側握住對方的雙腳腕。預備動作的馬步必須穩健。

②下位者從雙腳著地的狀態如圖2所示，利用手臂的瞬發力與反動反翹起上半身。

③站立者不要把對方的腳往下移，而是往上抬高以保持姿勢。被抱者的雙腳彷彿關閉的剪刀，膝蓋略微彎曲以避免傾倒，並保持身體均衡。

≪要點≫

必須用雙腳緊緊地夾住站立者的腰上。記住這是一種背肌訓練，挺起胸膛做成展翅高飛的姿勢來練習。如站立者的姿勢不安定顯得搖搖晃晃，則難以做上身飛起動作。同時，下位者除了緊閉雙腳之外，也必須隨時保持筆直。挺起胸膛之際如果將頭往後翹起，則可以使上半身飛揚至相當高的位置。若迅速

將雙手落於地板，當然具有危險性。做這個動作之前必須充分地做好肩膀周圍肌肉的柔軟運動及準備運動。

小　知　識

肌持久力

如果肌內肉恢復疲勞，而再次發揮的力量快速又可連續發揮，即表示肌具有持久力。長時間發揮強烈肌力的肌持久力，可利用對肌肉給予強大負荷並做連續性的訓練而培養。一般較重視瞬間性的強肌力，而忽視肌持久力。其實如果必須連續發揮強烈肌力時，肌持久力反而是優劣勝敗的關鍵。若要提高肌力必須嘗試各種訓練，而這些訓練自然能強化肌持久力。

26　人體翹翹板(A)

≪目的≫

將身體呈「弓」字形反折，乃是最高的舒展體操。除了肌肉、骨骼之外，對內臟各器官也有強大的刺激。而人體翹翹板是藉由夥件的反動以做出更大的「弓」字形的姿勢。回復身體的柔軟性，毅然地將全身舒展開來。這乃是舒展體操的真髓，並具有最大效果。但是，做成「弓」的字形練習者，若缺乏積極性很明顯地已失去這個運動的真意。

≪方法≫

①趴在地上的下位者將全身伸展開來做成「弓」字形。站立者跨在其腰圍附近，用雙手搭在其後頭部按壓。

②頸部用力地挺起頭部的下位者，把身體當做翹翹板做規

人體翹翹板(A)

律式的「弓」字形的搖擺。一推即放、一推即放的連續動作。

③按頭部時最好使對方的臉孔逼近地板，不過，在按壓時必須保持適當的強度。同時，必須隨時檢查筆直伸展的身體是否呈「弓」字形。

≪要點≫

大約以十回為限度。而且，練習的次數增加時「弓」字形的身體會慢慢擴大弧度，不再像是翹翹板型。翹翹板運動是腰痛的復健法之一，也能增強腰部的柔軟性。同時可以強化背肌力。有事沒事即練習人體翹翹板，慢慢的就可以使身體變成像是「弓」的「弓」了。

27　人體翹翹板(B)

≪方法≫

①按住呈「弓」字形趴在地上的下位者的雙腳腕。一按即放、一按即放的連續動作。

②下位者刻意地擺動身體，儘可能地做大幅度擺動。

③彼此配合呼吸練習規律性的翹翹板運動。

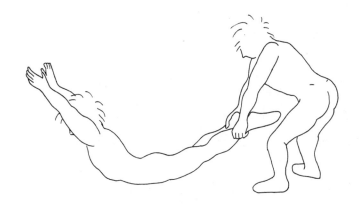

┌─────────────────────────────┐
│ 小 知 識 │
└─────────────────────────────┘

舒伸反射

　　所謂舒伸反射是指肌肉急劇被伸展時，肌肉反而
會產生收縮的反射作用。即使規律性伸展肌肉，事實
上並非肌肉的伸展，乃是反射性地造成肌肉收縮的情
況。這種舒伸反射在靜止呼吸或肌肉急速而強烈伸展
時會產生。但是，如果留意徐緩地吐氣而伸展肌肉，
就不會產生舒伸反射。做舒展體操時掌握其頻率感而
徐緩吐氣即可避免造成舒伸反射。

28　跪　膝

≪目的≫

　　一般人缺乏往前倒地的勇氣。柔道中的前身受敵，乃是學
習養成朝前傾倒確保身體安全的要領。自己可以觀察身體朝前
傾倒的角度，而同時挺起胸來在可能的範圍內，徒手抵抗直到

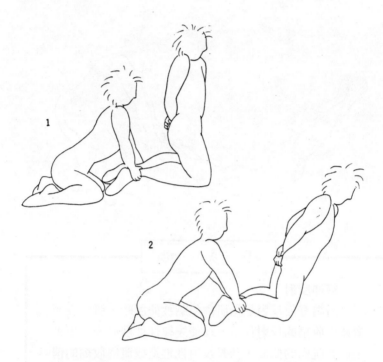

界線為止。這不僅有助於強化大腿直肌、中間廣肌等大腿部及其後方的大腿二頭肌、半腱樣肌,也可訓練背肌。

≪方法≫

①跪膝而坐。讓夥伴按住雙腳腕以固定姿勢。

②挺起胸膛雙手交握在後方,自己往前傾倒直到可以停止的角度。

③暫做停止之後回復原狀,再往前傾前。即使只是些微的差距也儘量努力往更前方傾倒。

≪要點≫

自己可嘗試一點勇氣與冒險心。為了強化背肌力與大腿部,儘可能往前方傾倒。一般可以往前傾倒約四十五度,而剛開

始可能辦不到。隨著反覆的練習而理解所運用的肌肉，然後藉由肌肉的運用慢慢的可以往更前方傾倒。

小　知　識

徒手抵抗

徒手抵抗被稱為 Mannal Resistance。

這是不用任何器具而用個人的手給予抵抗以強化肌肉的方法。如果利用徒手抵抗做訓練，即可自由地做 Isometric 訓練或肌力抵抗。徒手抵抗是指讓對方施加負荷的情況，而「跪膝」是與徒手抵抗相比較的自我抵抗，或應該稱之為自我抑制的抵抗訓練法吧。

29　膜拜上體抬起

≪目的≫

西藏佛教徒是以五體投地的方式全身趴在地上做膜拜，而伊斯蘭教徒則一站一坐並磕頭在地做膜拜。這些膜拜是信徒們的一種精巧運動，也是一種健康法。雖然動作單純卻是全身運動，其中令人感覺到宗教性的奧妙。這不但是充分地強化大腿部與背肌的訓練，也有助於使肩關節軟化。

≪方法≫

①膝蓋著地雙手垂直舉高。讓夥伴按住腳腕以為固定。

②保持雙手垂直舉高的姿勢，慢慢地往前方傾倒使雙手和額頭著地。

③雙手與額頭著地做一次呼吸後，再徐緩地抬起上半身回復原來垂直的位置。做反覆動作。

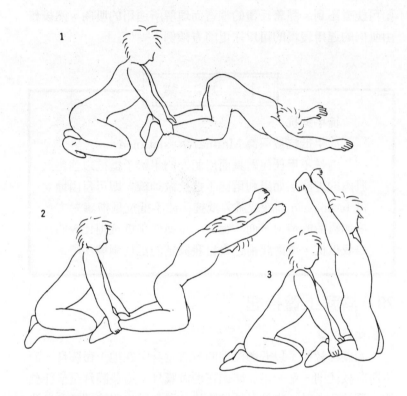

≪要點≫

　彷彿膜拜的心境徐緩地練習。這是典型的精巧運動，若正確地練習必可發現其中的高難度。輔佐者的工作是固定腳步並徐緩地為對方計數。

┌─────────────────────────────┐
│　　　　小　　知　　識　　　　　│
└─────────────────────────────┘

巧緻運動

這是要求動作的巧緻性或正確性的運動，也是主掌肌作用的調節的中樞神經系統的練習。

強烈使用部份的肌群，其他肌群則給予適當地協助。德國式機械體操、瑞典式平均運動、倒立或迴轉運動及程度極高的舞蹈等，都屬於巧緻性運動。乍看下顯得單純的運動若是巧緻運動，會耗費相當大的體力。

30　臥地拱橋

≪目的≫

從鬆弛躺臥的姿勢突然翹起上半身，可強化背肌並培養柔軟性。二人必須配合呼吸與掌握時機，非但不是各自為營的運動又有搭起拱橋的共同目標，因而是相當特殊而艱難的上體翹起運動。這是從鬆弛狀態做巧緻運動，且必須有雙方協力才能行之的訓練。

≪方法≫

①彼此頭頂住頭趴在地上對峙，各自握住對方的手臂。

②調整呼吸後彼此同時翹起上半身。這時，各自握住手臂的手可能會因反動作用游移到手肘的上方。（圖2）。

③翹起上半身時自然地身體會呈「弓」字形而連帶地翹起雙腳，這時必須注意穩住雙腳只讓上半身挺起。保持二人做成拱橋動作，靜止三、四秒鐘，再回復到剛開始抬頭趴地的姿勢。儘可能做成高橋的形狀。

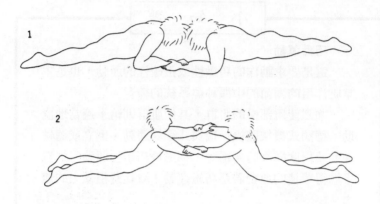

≪要點≫

　　即使彼此用力握住對方的手腕，當一氣呵成地翹起上半身時，自然地會鬆弛握力。但是，彼此仍然要握住手肘的上部，保持拱橋狀。而不抬起雙腳只翹上半身的動作，出乎意外地難。如果彼此正面相對，儘可能抬起上半身則有助於背肌力、柔軟性的訓練。

小　知　識

鬆弛運動

　　競技運動中的鬆弛運動在生理學上最為經濟，同時也被規定為對目的運動有貢獻的作業肌之間機能上的關係。一般的鬆弛運動可分為①肌肉間的鬆弛運動、②肌肉群的鬆弛運動、③全身性的鬆弛運動。為了發揮力量有必要讓肌肉及關節做鬆弛。而鬆弛運動乃是令其休息及為了下個活動的準備。

31　載人劈腰

≪目的≫

利用舒展體操使股關節軟化必須花費時間。股關節僵硬會造成腰周圍血行不順暢，因此也是造成腰痛的原因。股關節大，若要使其柔軟化必須有相當的運力運動。因此，讓同伴騎在股肩以同伴體重為負荷做劈腰的練習。當腰身下降到與膝同高或比膝更低時，股關節應該已相當柔軟了。

≪方法≫

①採四股的姿勢，雙手置於兩膝蓋上。夥伴從後方跨腳踩在大腿根部。

②膝蓋儘量外張。保持穩健的開腳姿勢。儘量努力使腰身下落至比膝蓋更低的位置。

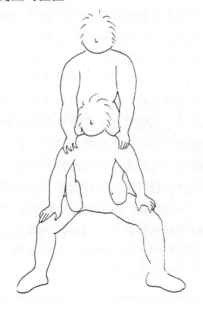

③自己做上下運動，徐緩地將腰身下擺。騎乘者把雙腳置於下位者的腿根部，手搭在雙肩上使體重造成負荷。

≪要點≫

如前所述股關節硬的選手在格鬥技上是致命的要害。不論使股關節柔軟的方法有幾種，在此介紹的劈腰運動可以在沒有任何痛苦的感覺下練習。脊柱保持筆直伸展，利用夥伴體重的負荷做十回到十五回的上下運動後，交換位置更具效果，可練習二、三套動作。如果膝蓋沒有外張則不是股關節的柔軟運動、舒展體操，因而必須隨時檢查膝蓋的方向。

小　知　識

舒展體操

舒展體操不論在稱呼上的變革如何，都是古來盛行的柔軟運動。目前舒展體操在生理面上的效果已獲得證明，因而被認為是既安全又足以使肌肉鬆弛的方法。渴望暢快地伸展手足，完全是身體上的生理自然反應。尤其是慵懶無力時，一般人都渴望伸直雙手並挺直腰背打個「大哈欠」。其實這也是一種舒展體操，而舒展體操若不持續，則難以達到效果。暢快地伸展筋骨只能維持短暫數十秒鐘愉快的心情。而強迫式的伸展肌肉會使肌肉產生排斥反應反而造成收縮。舒展體操應該每天一點一滴地練習，即使以一釐米的伸展度，持以恆地練習也非常的重要。如果自己能加點創意想出各種舒展肌肉的方法，更為有趣。因為，舒展體操並沒有一定的規則。

32 雙膝舉高機

≪目的≫

這是從躺臥的姿勢以強化腳力為目的的訓練。主要強化大腿部的二頭肌、半腱樣肌、半膜樣肌等後部肌肉及大腿直肌、中間廣肌等大腿部的主要肌。同時，也附帶強化下腿三頭肌的腓腹肌的內側頭、外側頭及比目肌的強化和位於膝蓋後方足底肌的強化。是全腳都能鍛鍊的訓練法。

≪方法≫

①兩腳置於對的股關節，一口氣將對方抬高。雙手貼靠在對方的胸膛，對方則抓住你的雙手臂。

②抬高時將腳舉高到自己的肚臍上方。然後將雙膝蓋筆直伸展。

③習慣之後使頭部不要著地。彎曲膝蓋放下對方，而這時身體要呈小圓弧狀。對方被舉高時雙腳保持平直伸展，並取得平衡。

≪要點≫

首先讓身體做小幅度的彎曲，藉此發揮爆發性的腳力，乃

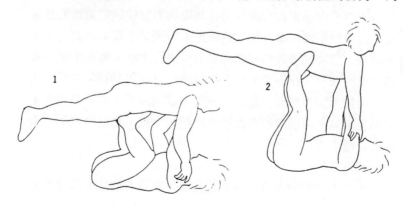

是這個訓練的重點。在練習時可以改變各種動作，諸如徐緩地抬高下降或快速地做上下運動等，可提高效果，也可以只利用腳跟或腳尖做抬高運動，或改變每次支撐對方身體的部位，藉此可以強化腳部各個肌肉。

小　知　識

腳肌力

　　腳肌力是藉由彎曲的膝蓋筆直伸展時，從地板抬舉而得的最大重量來表示。一般是把背肌力計的上部固定在腰部或彎曲的腿側，當膝蓋彎曲成一百二十度時，伸展開來做測定。腳肌力減弱會使動作變得遲鈍，不久對上半身的肌力也會造成重大的影響。因而必先顧慮腳肌力的強化。

33　高加索舞蹈

≪目的≫

　　中亞或中近東古來流傳男性利用腳力做快速度舞蹈的民族舞。這種舞蹈原本是高加索的舞蹈，方式是由兩人共舞可強化下半身。遊牧民族若無穩健的腳力則無法生活。舞蹈中展現自得意滿的腳力，在旋律的配合下以快速舞來慰藉遊牧生活的單調。各位不妨也當做是遊牧民族練習這個舞蹈，必可發現其中的樂趣無窮。這個舞蹈是高加索族們的傳統，也是他們引以為傲的身體文化之一。

≪方法≫

　　①二人背對背手臂交纏。首先二人都將右腳往前筆直伸直

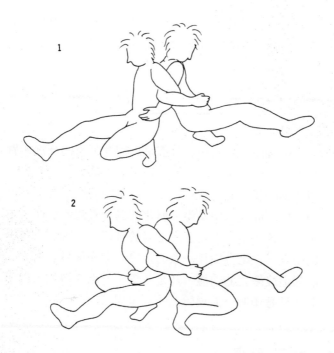

，接著交換左腳。

　　②如果雙方的手臂沒有確實地交握，會失去身體的平衡。立起腳跟站立規律性地交換伸展動作。

　　③二人事先決定往右轉或左轉，在繞轉過程中持續做伸腳的舞蹈，倍覺樂趣。快速度比慢速度容易練習。

　　≪要點≫

　　重心放低使姿勢保持安定，二人在保持姿勢的均衡中活動腳力。這是相當辛苦的訓練，只要在伸腳的舞蹈中產生韻律感就變得容易了。純熟之後即使沒有夥伴也能練習。要領是蹲下身來在極低的位置跳高索族舞蹈。剛開始練習約十五秒，慢慢地增長時間，最好能持續約一分鐘。這舞蹈有助於大腿肌、

下腿肌的一切,以及阿基里斯腱的強化。不過,對膝蓋造成相當的負擔,必須有充分的準備運動。

┌─────────────────────────────┐
│   小　知　識   │

規　律

廣義而言是指一定狀態呈周期性反覆的情況。譬如,四季變化、潮汐的漲退乃是宇宙的規律。而最具規律感的是音樂。狹義上誠如音樂的規律是在一定的規則性時間間隔中自由地變化強弱、長短的秩序。古來在心理、生理、物理學上對於規律的本質已有各種的研究,但至今尚無一致的定論。而規律具有對人的心態造成變化的功能,乃是音樂、舞蹈、詩歌、繪畫等各種藝術的一大根幹而受到重視。

└─────────────────────────────┘

34　躺臥活塞

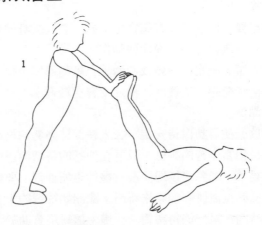

1

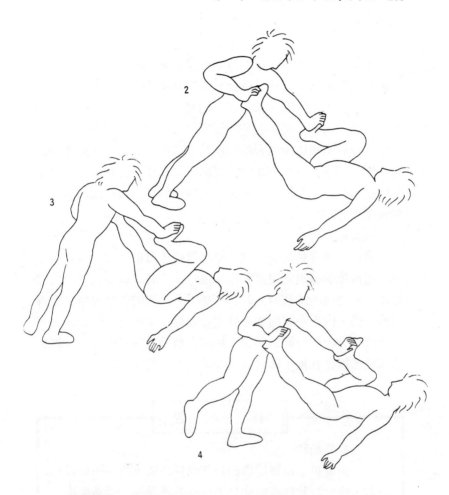

≪目的≫

　　世間任何人都沒有左右手、腳粗細相當，力道完全相同者。但是，這樣的狀態並不好，最好能左右擁有同樣強韌的的部份。在此介紹的躺臥活塞是矯正左右腳力，使其保持同樣強度的訓練。採取不安定的姿勢用左右腳反覆支撐夥伴的體重。這

個練習相當辛苦。

≪方法≫

①抬起雙腳躺臥在地。雙手張開保持安定性。站立者的雙手放在躺臥者雙腳腳底，使體重落於其上。

②站立者必須左右給予同等的壓力。首先折曲右腳，接著折曲左腳，彷彿做活塞運動。而腳必須朝同方向伸直。

③以同樣規律做練習時會產生心態飽和的狀態，而無法提高次數，因而站立者應改變練習的規律代替其計數。同時自始至終必須把腳完全地伸展開來。另外，雙腳一起折曲做活塞運動也是個方法。

≪要點≫

習慣活塞運動之後，站立者應再給予負荷，如果以單腳站立，用體重加壓更能提高效果。這時站立者以腳尖站立，彷彿傾倒一般儘可能地使對方的負荷加大。由於動作單純極易變得因循老套，因而應該增加速度或在規律上做變化。最好固定三十秒或一分鐘的時間來練習，比用次數分段落來得有效。如果抬起頭部躺臥在地，即可強化腹肌、頸部的板狀肌。

小 知 識

心態飽和

由於再三反覆同樣的動作或長時間處於同一個場面，會對該動作或場面失去積極的誘意性，而產生中性及消極性的誘意性的現象，一般是感覺已經足夠而不願再持續該動作的現象。這和滿足或疲勞不同。而其飽和的徵候會出現疲勞。

35　躺臥W活塞

≪目的≫

以快速度做活塞運動或放慢腳步，甚至以 interval train-ing 的感覺來練習。這不但有伸展腳全體肌肉的舒展效果，藉由次數的增加更能強化大腿肌、小腿肌全體。同時，也能提高踢力及做為筆直伸展腳部的矯正運動。二人同時計數並配合呼吸，可以彼此脫離心態飽和的現象，並提高練習的次數。

≪方法≫

①兩者躺臥在地，伸直雙腳使彼此腳底合攏。雙手置於地板保持身體平衡，可抬起頭部。

②其中一人伸出單腳做左右交互伸直、曲折的活塞運動。

③二人盡力伸直左右腳，並隨時保持腳底呈垂直狀。

≪要點≫

如何將這個W活塞運動活用成 interval training 訓練，關係著這個運動的效果。可以由其中一人計數再改變規律來練習。以一分鐘的期限為單位練習，然後向較長的時間挑戰。感到疲勞時腳無法筆直伸展，會漸漸往上彎曲。同時，也會出現速度降低的現象。應該儘量隨時保持用力又而筆直伸出腳的運動。

小 知 識

Iinterval Training

　　這是以增進呼吸及循環機能的持久性為目的訓練法。多半以脈搏數增減為指標來採取調節訓練強弱的方法。不僅利用慢跑，也可用游泳的方式來進行。在強烈的訓練與和緩訓練反覆地練習中，中間沒有休憩。對必須具備持久性的運動選手而言，不論多寡都應做為日常的訓練法。根據目的不同，訓練的經歷、性別、年齡及個人的資質差異，並無法一概規定具體的訓練方式。但是，對於明顯地具有循環機能障礙的患者而言，基於復健的立場，可以採用 interval training 式療法，可見其適用範圍之廣泛。如果訓練方式適當，幾乎沒有成為禁忌的對象。

36　站立升降電梯⒜

≪目的≫

　　這個運動是規律性地做蹲立運動，具有正確地矯正筆直站立姿勢的功能。同時也具有伸曲膝蓋、挺直背脊等重大意義。立起腳尖運用膝蓋的彈力做蹲立雖然有些辛苦，然而二人同心協力下來練習具有相當的效果。同時，雙手高舉於頭上乃是全身的舒展體操。屬於全身運動。

≪方法≫

　　①以腳尖站立，二人背部對靠，然後蹲下身來。雙手在頭上交握，注意避免頭部碰撞。

　　②從立起腳尖蹲立並挺直雙手的狀態，一氣呵成地站立起

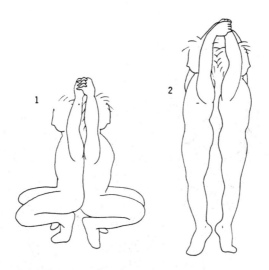

來。儘可能背對背不要分離。

　　③當身體朝上伸展開來後，再度沉下腰蹲立。確實地折曲膝蓋以避免造成舒伸反射的現象。

　　≪要點≫

　　有如升降電梯上升、下降的感覺，做規律性的升降運動。以腳部和腰部的補強運動而言，這個運動可以期待比一般的蹲立更大的效果。運動中隨時保持腳尖站立，因而能強化阿斯里肌腱。這種動態的訓練法最適合腳的骨骼及骨骼上肌肉的強化。雖然動作單純，卻可因二人的配合練習變得有趣。

36　站立升降電梯(B)

　　≪方法≫

　　①如圖3所示，彎曲膝蓋、雙手交握而坐。背部必須完全靠攏。

　　②彼此互壓對方的背部，然後一口氣地站立起來。彷彿擠

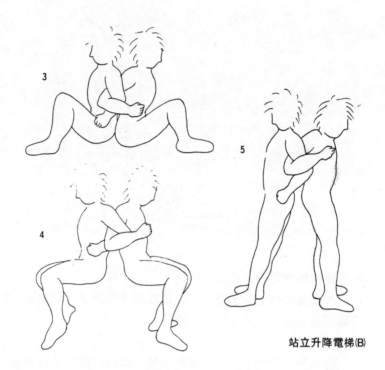

站立升降電梯⒝

饅頭一樣地站起身來。彼此雙方若不互相壓擠,會失去平衡而
傾倒。

　　③由於二人的身體密切結合在一起,因而能一氣呵成地用
力站起身來。可適當改變運動的周率,如快速站立或緩慢站立
等。二人一起計數更能樂在其中。

小　知　識

橫紋肌

　　分佈在骨骼支撐身體並主掌運動,因而又稱骨骼

肌。同時，可憑意志做隨意收縮，因而又叫隨意肌。
構成橫紋肌的橫紋肌纖維呈細長圓柱狀。而橫紋肌的
肌纖維中有多數呈縱向的肌原纖維集合。每條肌原纖
維中有折曲光線的部份，在顯微鏡下可看出橫條紋乃
是其特徵。因此又被命名為橫紋肌。

37　起立運動

≪目的≫

　　從蹲立的姿勢頑強抵抗壓力而站起身來。不過，並非從蹲
立站立，而是運用腰力及腳力起立。從不安定的姿勢站起身來
，必須有強勁的肌力，同時還要調整呼吸，並具備一氣呵成地
站起身來的集中力。換言之，除了具備運動能力外，還要求精
神面的穩定。

≪方法≫

　　①將雙手交握在身後蹲立。站立者用雙手貼靠在對方的肩

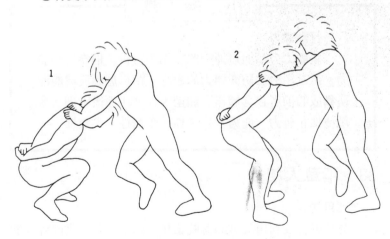

膀按壓，同時以體重加壓。

　②下位者縮起下顎以腳尖站立抵抗從肩上而來的壓力，慢慢地站起來。站立者移動左右其中一方的壓力，以阻撓蹲立者，採單腳站立時也要在左、右側的施壓方式上下功夫。

　③下位者並非將重心置於雙腳而站立，有時可以將體重置於左或右方奮力地站起身來，可隨時研究站立的方式。

　≪要點≫

　對下位者所期待的是，想盡辦法站起身來的執著。心存執著即令對方站立的方法多方思考並研究對策。正面承受壓力顯見地處於弱勢。然而，根據對方的出力法可找出活路。雖然這是略帶遊戲性的訓練法，卻也可以從中學習到肌力、精神力及創造力等各個層面。以三十秒為限度交換攻防位置，藉由親身體驗即可加強對力量發揮的理解。同時，也可以瞭解自己的體力，也是掌握自己弱點的機會。

```
┌─────────────────────────────────┐
│          小　　知　　識          │
```

行動體力

　將體力分類而以運動的觀點來分析，稱為行動體力。這是相對於防衛體力的概念。由形態面與機能面所構成的前者包含體格、體型、姿勢，而後者則包含敏捷性、肌力、能力、持久性、平衡性、柔軟性。

38　稻草人相撲

　≪目的≫

膝蓋強化及利用腳掌的腳腕強化，除了能強化肌肉外也能

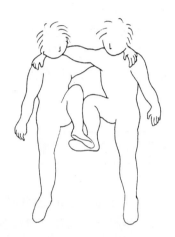

強化腱。腱具有防衛關節或肌肉受傷的功能，和韌帶具有同樣的任務。但是，腱脆弱會造成機動力減弱，即使擁有肌力也無法十足地發揮。一般人會顧慮肌肉訓練，鮮少有競技者或指導者會思考如何去強化腱或韌帶。在此所介紹的「稻草人相撲」乃是學習這個問題的訓練法。

≪方法≫

①二人互搭住對方的肩，用腳尖站立。二人抬起位於內側的腳及膝蓋，其中一人把腳底搭在對方的腳背上。

②踩上腳底者儘量用力施壓，以阻撓對方的腳上揚。而被踩住腳掌者，反之奮力地抬起膝蓋及腳。換言之，這乃是腳底和腳掌的相撲。

③必須隨時保持腳尖站立的姿勢。在腳部用力時彼此交握的手臂會漸漸鬆弛開來，應注意用力地握住對方。適當地改變攻防立場，或左右位置交換與另一隻腳格鬥。

≪要點≫

從站立的姿勢很難對另一雙腳或足部施力。腳尖站立而擺

動身體時，自然地會跳躍起來。這個訓練乃是記住這樣的動作來發揮力氣，因而均衡感較好的人處於優勢。單腳站立而用另一雙腳格鬥的訓練，不論和任何一種格鬥技組合，都有其極高的價值。若要變成強健又靈巧的「稻草人」，可利用空暇向這個訓練法挑戰。

```
┌─────────────────────────────┐
│          小  知  識          │
├─────────────────────────────┤
│  交叉訓練法                  │
│    又稱交叉教授法。這是彼此交互練習同一件事情│
│  ，可誘導另一件事情純熟，並有效地熟悉的方法。這│
│  是基於彼此協助能互相進步，比各自訓練的效率更高│
│  的假設。                    │
└─────────────────────────────┘
```

39　拱橋機器

≪目的≫

這是強化重要的頸部並追求柔軟性的訓練。除了腹肌外，從背肌到腳肌肉全派上用場的全身運動。即使頸部較弱缺乏自信者，也能藉由用力握住夥伴的腳腕輕易地來鍛鍊。不過，為了做成拱橋，必須在頭部下方墊一塊浴巾之類的柔軟物品。最好能在鋪墊上練習，若找不到柔軟的物品，可脫掉襯衫代用。

≪方法≫

①以站立者腳腕為支撐，做拱橋狀。用雙手外側握住站立者的腳腕。

②雙手緊緊抓住以脖子為支點，徐緩地抬起雙腳使身體繞轉一圈，夾住站立者的雙腳後著地。

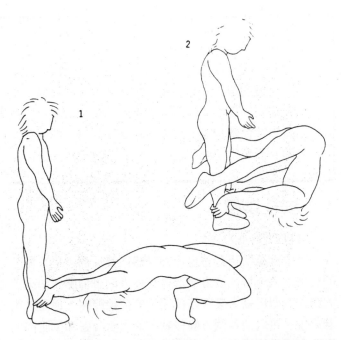

③不論有何狀況都不可使雙肩著地。這可鍛鍊頸部及身體的柔軟性，因為用雙手抓住對方的雙腳腕，即使是初學者也能輕易辦到。

≪要點≫

這是從拱橋狀姿勢反翹而起的訓練，屬於全身運動。平常用不到的部位、肌肉可藉此給予鍛鍊，因而有預想不到的效果。從高拱橋狀移轉為前拱橋狀，不僅能鍛鍊柔軟性，也可學習敏捷性。當然，必須充分做好頸部的準備運動，才能嘗試這樣的訓練。只要紮實地握住站立者的雙腳腕，並習得掌握雙腳往上揚踢的要領，即可連續不休息地做十回乃至二十回。

```
┌─────────────────────────────────────────┐
│              小　知　識                   │
├─────────────────────────────────────────┤
```

屈　伸

　　這是部份性運動的運動模式之一，彎曲或伸展身
體各部份的運動。一般用於下肢或上肢的運動，若是
胸部運動則稱為伸展。方法不一而足，若要達到效果
可採用彈性地移動、用力擴伸或利用自己的體重、和
其他身體部位運動配合、藉助者施予抵抗等方法。

40　安全拱橋

≪目的≫

　　做成拱橋狀乃是將自己的身體往後反翹，呈大型「弓」字
的意思。人對於往後方傾倒帶有極大的恐怖感，如果習慣這樣
的動作，即可擴大參與競技運動的技術範圍。運動技術的提升
若重視，可以朝各個方向移動，使用全身各部位肌肉的訓練。
在此介紹的拱橋仰身，可以安全地讓身體往後方反翹，隨著練
習次數的增加，不必夥伴的協助也可獨自訓練。這個訓練最適
合消除內心的恐懼感。

≪方法≫

　　①首先呈對角線的彼此握住對方的手臂。另一隻手則彼此
握住對方手腕的上方。彼此交握的手堅牢而紮實，更具安全感。

　　②其中一方朝後方大幅度地反翹做成拱狀。下巴盡量翹起
，以使額頭著地成橋墩。

　　③支撐者單腳踏入做拱橋練習者的股間，膝蓋略微彎曲，
腰身下落以保持安定性。

≪要點≫

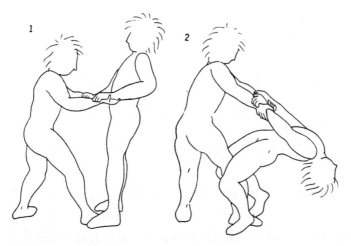

　　拱橋狀的後仰運動必須讓額頭儘量著地。練習的夥伴再一
次將做拱橋者拉起，然後再做一次拱橋後仰練習。從拱橋狀站
起身時要刻意地注意膝蓋往前彎曲，利用腹肌力站立，可增強
柔軟性並使關節軟化。

小　知　識

延　髓

　　在腦的最下部，位於小腦前下方圓柱上的器官，
下方連接脊髓，其中有舌下神經、舌咽神經、迷走神
經、副神經等各種腦神經的核，是嚥下、嘔吐、咳嗽
、打噴嚏、唾液、淚液等分泌的反射中樞，同時還包
含呼吸、心臟運動、血糖量的調節中樞，在生命維持
上極為重要的器官。

41　頸後加擊(A)

≪目的≫

這是強化頸部的訓練。採頸後加擊的姿勢對頸施壓,以強化頸部。可站立或坐著練習,將手豎起,用雙手給予負荷。

≪方法≫

①從後方將手伸進對方的兩腋下,在對方的頸後握住雙手。

②用握住的雙手臂往外側擴張,會使對方的頸部往前突出。而頸部被按壓著儘量用力使其回復原狀,一壓一放的過程中造成頸部的運動。慢慢地對頭部施力,這時力氣可能會擴散到手臂,請注意不要在手臂用力,而集中在頸部。

≪要點≫

頸部運動首先從前後方練習。從板狀肌的強化順勢強化了位於頸兩側有如胸鎖乳肌的肌肉。頸部的強化法可利用雙手按

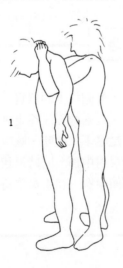

1

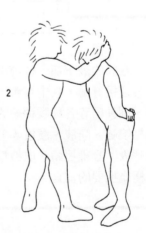

2

壓頭部，從各個方向給予負荷。

```
┌─────────────────────────────────────┐
│          小　　知　　識              │
├─────────────────────────────────────┤
│                                     │
│   頸                                │
│     連接脊椎動物的頭與胴體的部份。魚類、兩棲類 │
│   並沒有頸部的分化，而鳥類、哺乳類的頸部極為發達 │
│   ，都是利用頸椎給予支持，使得頭部的運動自由。 │
│                                     │
└─────────────────────────────────────┘
```

42　頸後加擊(B)

≪方法≫

①採取頸後加擊的姿勢，夾住側身抱起對方。只憑手或手臂無法承擔對方的重量，必須挺起胸，以腰部為支撐點用力地抬起。

②被抬起者雙腳呈水平狀往前伸展。練習腹肌運動及頸部

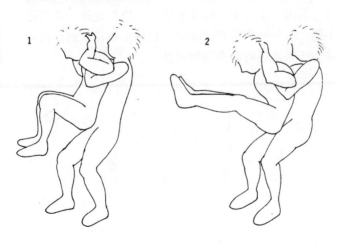

運動。被抬起者除了能強化臂力外，也可矯正鬆弛的下腋。

　③抬高者要伸直脊椎，並非用手臂抱住對方的體重，而是以脊椎支撐來抱對方。被抱者反覆做伸腳、抽腳的運動。

　≪要點≫

　被抱者將身體捲曲呈圓狀，利用腹肌伸直雙腳。兩者都是全身運動，練習十回腳的伸展、收縮運動，以十回為一套運動，練習二～三套。如果在腳尖用力，即可將腳筆直伸展。被抱起者盡可能使身體呈「く」字形。

小　知　識

肌痙攣

　肌肉因疲勞、氣溫或水溫變化、練習不足、暖身運動不足等的誘因而造成的痙攣。下腿後側的肌肉（下腿三頭肌）最常造成肌痙攣，又稱「抽筋」。多半肌肉本身並無病態變化，只是暫時性的現象。這時會有肌肉的強烈牽引痛及壓痛。治療法是用一手握住小腿，由另一隻手背屈腳掌。動作必須徐緩的進行。抽筋持久不退時要在局部熱敷。

第三章

柔軟體操可廣泛運用

柔軟性最好能持之以恆

柔軟體操又稱伸展運動。當我們的身體變僵硬或運動可能性縮小，降低柔軟性時，會因而喪失敏捷性。換言之，人身體的機能會因身體的硬化消失。或者難以轉移瞬間想做的動作，慢慢地使活動身體的行為本身感到膽怯，而加速硬化。為了防止這種現象，必須有柔軟體操的練習。

對運動選手而言，當肌肉或關節硬化時則無法運用高度的技術，非但如此，也難以對抗敵手的攻擊。身體動作的界線範圍縮小，會對競技力的提高造成障礙。因此，柔軟性是從事競技運動非常重要的要因。

尤其是肌肉，因日常生活上姿勢或運動不足，會造成伸張性缺憾而收縮。關節也會因而縮小其可動範圍。到了這個地步會漸漸感到疲勞，導致體力低落。甚至也會造成血行不暢而阻礙健康。

做任何競技運動之前必須做準備運動，乃是不變的鐵則。這也是為了使肌肉、關節軟化以避免身體受傷。當然，目的是提高心跳數的暖身運動、心理準備等各種需要下而練習，其中也是為了身體的柔軟性。

總而言之，肌肉收縮力不足則難以敏捷地活動。即使擁有了不起的肌肉，若收縮力不足簡直就是暴殄天物，無用武之處了。我們可以把柔軟體操當做提高肌肉收縮力的練習。即使每天短時間的練習，只要確實在日常生活中點滴實踐，即可能提高其效果。

柔軟體操可獨自練習，但兩人互助練習當然更能加強效果。雙人運動中的柔軟體操，是以由二人配合才能做的體操為主

，挑選出危險性少的項目收錄而成。柔軟體操對屬於格鬥技的相撲及角力選手而言，是不可或缺的。在此也收錄他們所練習的柔軟體操，為了方便練習稍做修正。請各位務必將柔軟體操帶進自己的生活。

　　各位不要忘記，持續練習柔軟體操可使身體培養柔軟性，希望各位每天以輕鬆的心情，在柔軟體操的練習中享樂。

小　知　識

身體感覺

　　從廣義而言是視覺、聽覺、嗅覺、味覺及其他感覺如皮膚感覺、深部感覺、平衡感覺、內臟感覺的總稱。總合稱之為身體感覺，乃是基於這些感覺的錯綜交雜參與，維持生命的基本作用而肩負重要職務的意義而來。狹義而言是皮膚感覺和深部感覺的總稱。這乃是因這些感覺彼此有密切關係，呈一個系統而做的命名。此外，也有指因身體表面所承受的微弱壓刺激、熱刺激所造成的茫然感覺或像呼吸一般，永無休止地進行的器官活動所造成的感覺等，無時不刻知覺到身體存在的感覺。

1　按肩拱橋

≪方法≫

　　彼此面對而立，雙手互搭在對方的雙肩。二人保持距離呈拱橋狀，保持這個姿勢雙方做上下晃動。這時雙腳要筆直伸展，背脊呈水平狀。將上下的振幅加大，儘量使雙方的肩膀低於

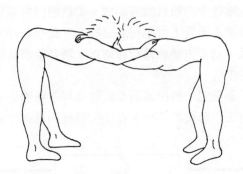

腰身。注意不要彎曲膝蓋、拱起背部，而頭部也避免下垂。

≪目的≫

　　伸展肩、手臂、腳的關節及肌肉。利用上下晃動可達到更高的效果。雙腳併攏練習或雙腳往外側打開練習的效果，有若干差異，不論那種方法都希望練習者能確實地伸張僧帽肌、廣背肌。做上下運動時腳不要移動，只晃動腰及肩。藉由背部的挺直伸展也可帶動大腿二頭肌或小腿三頭肌的伸展。上下晃動的振幅越大效果越高。

┌─────────────────────────┐
│　　　小　　知　　識　　　│
└─────────────────────────┘

僧帽肌

　　從後頭部及頸部、胸部的背面正中線開始集中於外方，附著於鎖骨及肩胛骨的強而大的肌，左右合併呈不等邊四方形狀，因而有這樣的命名，具有使肩膀往後移的作用。

2　跪膝搭肩拱橋

≪方法≫

　　兩者的膝蓋到腳掌部份著地，面對面而坐。彼此將手掌搭在對方的肩上。雙方保持距離使背部呈水平狀，而在肩膀用力，大腿部和背部呈直角。兩者做上下運動，利用腰及肩的彈力使臉部儘量靠近地板。振幅越大效果越高，練習時必須鬆弛全身力氣。

≪目的≫

　　藉由跪膝沉腰使重心移轉到肩膀周圍的姿勢，比「搭肩拱橋」方式更能達到柔軟體操的效果。不過，對腳肌肉的效果不大，有顯著效果的是肩及腰。同時，對於背肌、體側肌肉也會造成好影響。對腰部有強烈刺激，對於長時間保持同一個姿勢作業的人，是再恰當不過的體操。將振動的幅度加大，可獲得更大效果。

小　知　識

膝關節

　　位於大腿骨下端及頸骨上端、膝蓋骨後面之間的複雜關節。這是呈螺旋狀的關節，其運動是做為下腿的屈伸。膝關節伸展時會同時往外側迴旋，彎曲時多少會往內側迴旋。

3　抱膝搭肩拱橋

≪方法≫

一人站立一人蹲坐。蹲坐者用雙手抱住站立者膝蓋後方，採伸展肩膀跪膝的姿勢。膝蓋以下到腳掌的部份要確實著地。站立者用雙手稍微用力地按壓跪地者肩甲拳肌周圍。以振動的方式按壓，慢慢加大振幅。抓住雙膝蓋的手必須筆直伸展，不可分離。

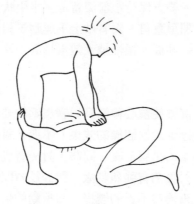

≪目的≫

把焦點集中在肩的關節及肌肉的展肩柔軟體操。由於肩上有站立者以振動法施壓，被迫產生相當的柔軟性，因而效果相當大。根據振幅的大小，背部或體側的肌肉可受到日常生活中無法經驗的刺激。同時，握住膝蓋保持身體固定，對手肘關節及其周邊肌肉也是非常有益的體操。

小　知　識

肩甲骨

　　這是指位於肩背呈三角型狀長約 90～100 釐米的扁平肩，其背側面隆起一塊稱為肩甲棘，而其外側端有一個高隆的肩峰。上外側角有關節窩構成上腕骨和肩關節，而其前上方則銜接烏口突起。

4　回敎膜拜式伸肩

≪方法≫

　　跪地並將雙手往前伸直，使下巴及胸上部著地而坐。採這個姿勢本身就須具備柔軟性。這個姿勢和回敎徒或西藏佛敎徒膜拜時的姿勢相同，臀部朝上突起成山形。站在前方打開雙腳的夥伴，以前屈姿勢站立，雙手搭在肩膀略偏下方處呈規則性的按壓。隨著振幅的加大，漸漸將手臂以按壓的方式移動到肩部附近。

≪目的≫

　　手臂筆直伸展使姿勢固定，伸展肩部使其周邊的肌肉也隨之伸張。藉由夥伴按壓背部的加壓，對肩膀集中較強的壓力。由於手臂已經固定，對肩膀的張力更為強烈。這時關節及肌肉都必須具備柔軟性，同時也能拉長脊柱附近的肌肉，對腰部也造成影響。這個柔軟體操最適合經常保持前彎姿勢或駝背的人。

小　知　識

肩關節脫臼

　　肩關節脫臼是最常見的一般外傷。幾乎佔所有脫臼的半數，在競技運動中也是一樣，其原因是關節窩遠比骨頭小，而關節包廣大。運動範圍極大的上腕骨頭藉由不太強韌的肌、韌帶而保持其位置，這個部位遭受外傷的機會頗多。肩關節脫臼是發生於關節的前方及後方，偶爾出現在下方，競技運動多半是屬前方脫臼。

5　隨風搖曳的雌蕊

≪方法≫

　　彼此背對而坐稍微立起膝蓋。雙手筆直伸展到頭上交握。或者由一方握住手臂。以這樣的姿勢使上體做前後彎曲。儘量彎曲直到胸部貼靠大腿，然後再往後揚起胸部，做連續前彎後仰的動作。手保持伸直到頭上的姿勢，彷彿雌蕊隨風搖曳的柔軟體操。雙腳緊閉或張開。

≪目的≫

　　這是身體前後彎曲的柔軟運動，由於雙手往頭頂上伸直，

不會造成舒伸反射，身體周遭一切肌肉會受到刺激。同時也會對腰部造成影響，具有一個人無法獲得的運動效果。當對方往前彎曲時，另一方後屈的姿勢，因而可做規則性的身體前後彎曲。尤其是後屈是沿著對方圓形的背線來做動作，彎曲的曲線最為恰當。

┌─────────────────────┐
│　　　小　　知　　識　　　│
└─────────────────────┘

絕對肌力

　　這是指骨骼肌收縮所能做的最大拉力，乃是讓肌肉的絕對肌力。肌越大肌纖維素越多的絕對肌力越強，因而在比較肌力時會朝肌纖維走向呈直角做一個橫切面，以這個橫切面除以絕對肌力，所求的比肌力來比較。

6　手舉萬歲上體反翹

≪方法≫

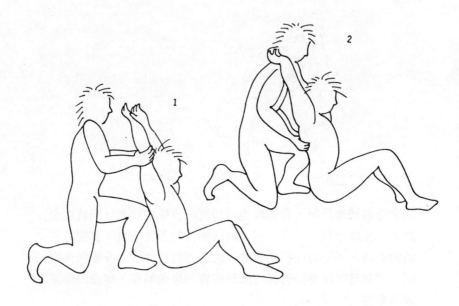

　　立起膝蓋而坐，雙手高舉於頭上。挺直背肌擴張胸膛。夥
伴站在後方，立起單腳膝蓋頂住背面，另一隻腳膝蓋著地。握
住坐者的雙臂給予固定，避免彎曲。保持這樣的姿勢由夥伴將
對方的雙臂往後拉，背部也隨往後仰。彷彿胸部往前突出的感
覺，反翹脊柱對骨骼也會造成刺激。

　　≪目的≫

　　日常生活中經常有機會將身體往前彎曲，而鮮少將後背做
大幅度的後仰動作。因此，身體後仰的動作會令人感到痛苦，
然而習慣之後感覺非常舒適。將脊柱呈「弓」狀後仰，不僅對
骨骼，連內臟各器官都受到刺激。而且，從手臂到身體連續性
地伸展肌肉。站在身後的夥伴可調節拉力測量對方的柔軟度儘
量使其往後仰。

　　≪變型≫

伸直雙腳而坐，雙手舉高於頭上並抱住夥伴的頸部。夥伴用單腳膝蓋頂住對方的背部，另一個腳膝蓋著地。夥伴的雙手放在單膝蓋的兩側，以輔佐膝蓋的支撐力。然後夥伴徐緩地讓自己的身體往後仰，造成對方順勢伸展並往後仰。由於對方的手一環抱在頸後固定，可使與肩部連接的肌肉充分地伸展，變成上半身全體的柔軟體操。

小　知　識

積極的休養法

這是休養法之一，是積極地促進疲勞恢復的休養方式。藉由按摩、沐浴、日光浴、大氣浴等努力地恢復疲勞。另外，為了補充活力源，可投服含有肝糖、維他合命B等飲料或藥物，或實施輕度的體育運動等。

7　跨坐上體反翹

≪方法≫

一人跨坐在躺臥在地者的身上，雙膝置於臀部兩側，雙手筆直伸展，置於採仰臥姿勢者的頭部外側。背脊儘可能保水平。下位者從夥伴雙臂外側伸出手來，在夥伴頸後交握。然後夥伴徐緩地抬起上體使下位者的上體反翹。注意不要急遽地反翹。下位者必須固定交握住的雙手。

≪目的≫

對胸圍整體造成刺激，使胸圍外部肌肉伸展。腰以上的骨骼及肌肉受到刺激，這個單純的柔軟運動會帶來出乎想像的效果。同時，必須調整呼吸做深度大的呼吸，自然會對內臟器官

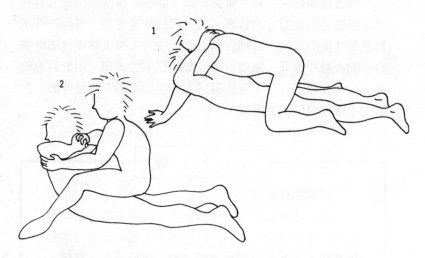

帶來好影響。由於這是使胸腔整體敞開的運動，若能持續練習十回左右必感到生氣蓬勃。

《變型》

　　如圖2所示，以開腳姿勢坐在躺臥者的臀部上，雙手抱住對方，交握在頸後的雙手臂的根部。抱住手臂根部的雙手慢慢地往後拉，祈使對方的胸腔朝後方伸張。習慣之後若能試著讓腰部以上的部份後翹成「弓」字形，則效果更大。肩周圍的肌肉及關節會受到刺激，對腰骨造成好影響。不過，要領是慢慢地循序漸進地練習。

┌─────────────────────────┐
│　　　　小　　知　　識　　　　│
└─────────────────────────┘

　　胸　廓

　　由12個胸椎12對肋骨，連接一個胸骨及胸骨與肋骨的肋軟骨所形成，其中收容保護有肺臟及心臟，

呈巨大圓椎狀的骨骼。其構造和呼吸器的發育與機能
有密切關係。

8 跳欄式壓肩體前屈

≪方法≫

呈跳欄姿勢坐在地上，夥伴從後方壓住雙肩往前推。下位
者儘量讓自己的頭部朝筆直伸展的腳上前屈。以十回到二十回
為限度，更換跳欄的腳。下位者雙手鬆弛，朝前方伸出，不要

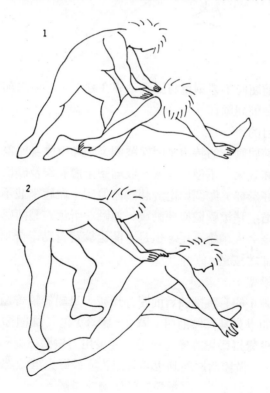

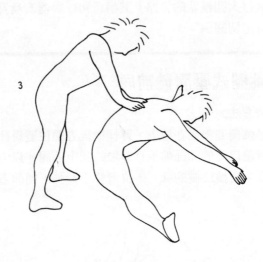

用力。前屈時不要刻意將臉孔貼靠在腳上，而以胸部貼靠在腳的要領做前屈動作。

≪目的≫

此前屈動作的特徵是因採跳欄姿勢顯得腰身略為上浮，藉此可提高效果。不僅可伸展、收縮腳全體肌肉及關節，腰骨也會獲得好影響。剛開始由於膝關節僵硬，做起來並不順暢，但是，習慣這種柔軟體操運動後，連圖2所示的體前屈也輕而易舉，甚至令人稍嫌不足。但是，開始練習有點辛苦，必須注意循序漸進地按壓。

≪變型≫

和圖1的「跳欄按肩前屈」比較，是屬於較普遍的體前屈運動。如果先嘗試體前屈（圖2、圖3）再「跳欄壓肩前屈」挑戰，會覺得輕鬆許多。但是，如果用力按壓做胸部貼靠地面（圖3），做體前屈運動也非常艱苦。最好先讓臉部碰觸張開的左右腳（圖2），再慢慢施壓使胸部碰觸。

┌─────────────────────────────┐
│　　　　小　　知　　識　　　　│
└─────────────────────────────┘

跳欄賽跑

　　這是跳過排列在跑道上柵欄的賽跑。國際上廣為推行的種類有 110 公尺高障礙、400 公尺中障礙、200 公尺低障礙、女子 80 公尺障礙以及三千公尺障礙賽跑等五種類。在日本還有為高中選手設立的 Junior Hurdle Race。競技者不論單腳或雙腳伸出欄外或跳過自己跑道上的欄都違規。

9　對面體前屈翹翹板

≪方法≫

　　兩人往外側張開筆直伸展的雙腳，彼此腳底碰觸而坐。二人雙手交握如翹翹板地一前一後互拉。彼此儘量使上體往後翹起互拉，注意膝蓋筆直、腳底不要岔開，拉時重點不在手臂，以拉扯對方腰部般的感覺，更能提高柔軟運動的效果。

≪目的≫

　　將腳關節與肌肉、骨關節及腰骨周圍的肌肉做最大限度的伸展。同時，也能伸展背肌。肩周圍的肌肉乃是全身的柔軟體操。身體僵硬時被用力拉扯，會不自覺地浮起臀部，但如果不以前屈上體穩住陣腳，則會失去運動效果。藉由拉力使上體往後翹也能伸展胸及腹肌。這是一種柔軟體操，對全身的關節與肌肉會帶來刺激與影響。

≪變型≫

　　如圖 2 所示，一人以開腳姿勢坐在地上，夥伴從前方按壓雙肩。按壓力的方向並非朝下，而是朝骨關節的方向按壓。這

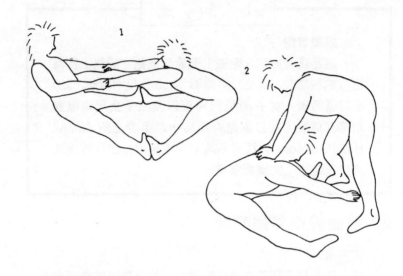

和從後方按壓不同，所承受負荷的方向正好相反，因而雖然同是體前屈運動，卻會產生不同的效果。按壓的夥伴也採開腳姿勢站立，盡可能伸直膝蓋，也可藉此做單人的柔軟操。

小 知 識

急性關節炎

　　症狀有輕也有重，輕症時原因多半是扭傷、挫傷後造成，有時在其他部份會有化膿瘡口，造成血行性的重症關節炎。瘀積在關節腔內的滲出液剛開始呈透明狀，慢慢地會變得混濁症狀，嚴重時關節軟骨幾乎完全受到傷害，甚至引起關節僵硬。利用早期充分地安靜固定與預防感染的對策，多半可以在毫無後遺症下治癒。

10 大餅包小餅

≪方法≫

首先併攏雙腳而坐，再做體前屈。練習的夥伴從兩膝蓋下方伸出左手，用其手握住坐者的右肘。接著只讓臀部著地抬起雙腳，用力拉住對方的右肘，再用右手彷彿包裹住對方身體一樣地按住其背，或者，練習的夥伴用左右手交握地環抱住對方的身體。用力抱緊對方的臉，貼靠在腳上。換言之，雙手環抱住對方的身體，使對方的上下體對折。

≪目的≫

藉由身體呈對折姿勢以伸展腰周圍的肌肉，而伸手去環抱對方可促進頸部肌肉伸展。握住手肘是避免對方膝關節的彎曲，而按壓背部會造成全身刺激。彷彿大餅包小餅緊緊地裹住，有如角力競技中蝦形捲一樣，使對方的身體完全對折，更能提高效果。

小 知 識

痛 覺

　皮膚感覺之一。因痛點刺激使得皮膚、黏膜以及肌、骨膜、腦脊髓膜、肋膜、體壁腹膜、泌尿生殖器、眼、耳等身體各部份產生痛感。痛點的密度非常大，和溫度、冷點尤其是壓點重疊。不僅是機械式的刺激，因電氣性刺激或化學性刺激、四十五度以上的高溫、極端的寒冷也會產生興奮。

11 後部腳肌舒展

≪方法≫

　躺臥在地筆直抬起單腳，雙手抱住雙耳側。練習夥伴用雙膝蓋夾住躺臥者的雙耳保持固定，握住垂直挺立的腳腕，往後拉使腳接近躺臥者的臉部，當往後拉靠近臉部時，再迅速地放鬆腳腕。接著垂直立起另一隻腳。同樣地由夥伴將其拉至貼靠臉部的舒展體操。

1

≪目的≫

藉由雙手的固定可達到腳步舒展體操的極致效果。不僅使大腿二頭肌及下腿三頭肌做最大限度的伸展，在快速地放鬆腳的剎那，可促進腳整體肌肉的收縮。左右腳交替練習可促進腳肌肉的機能，並消除腳肌肉疲勞。這可促進調整身體狀況的精神安定，是最適合全身鬆弛的舒展體操之一。

≪變型≫

握住雙腳腕使其腳腕貼靠臉孔而讓身體呈對折地彎曲。這是使後部腳肌及腰骨受到刺激的舒展體操，剎那間放鬆腳讓雙腳下垂到地板，再次反覆這個動作。持續十回左右交換位置練習。呈對折彎曲時，腳膝蓋關節儘量筆直伸展使其靠近臉部。剛開始可能感到疼痛，每日持續練習會漸漸習慣而不再疼痛，甚至會有舒暢感。

┌─────────────────────────────────────┐
│   小　知　識   │
│   │
│ **運動按摩**   │
│   做運動按摩時不可誤解的是，並非利用按摩強化 │
│ 肌力，而是為了促進肌肉內部的代謝機能。因此，根 │
│ 據個人差異可加減其運動量，實行輕擦法，絕對不可 │
│ 做強烈的按摩。若做強烈按摩會出現刺激作用，造成 │
│ 肌肉疼痛或疲勞感。尤其是對於有「痙攣」「肉裂」 │
│ 等情況必須慎重處置。   │
└─────────────────────────────────────┘

12　海軍刀舒展體操

≪方法≫

　　站立者握住對方雙腳腕，讓其腳腕固定於腹部前。躺臥者抬起上體用雙手抓住腳底，保持靜止四、五秒鐘。如果雙手無法伸到腳底，則握住腳腕，讓臉孔緊貼住雙腳。「Jackknif」

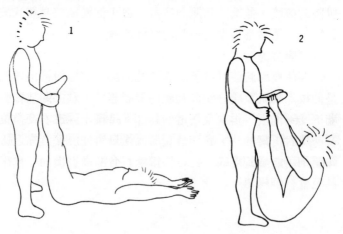

是一種體操競技用語，是指保持上述的姿勢站立的狀態。這是雙人運動才辦得到的舒展體操。

≪目的≫

利用腹肌站起身體，接著再做舒展體操。藉由雙腳垂直挺立可伸展腳全體的肌肉。而且，為了保持海軍刀的姿勢，腳肌肉必須做最大的伸展。這是強化腹肌的舒展體操，也是肩與手臂的舒展體操。換言之，全身都可獲得刺激，對肌肉、關節、骨骼都有幫助的舒展體操。

小 知 識

JACKKNIF

這是指腳尖伸直、手略朝後方伸展，全身保持筆直的剎那，突然彎曲上體呈蝦型，使腳尖和手尖接觸，接著從頭到身體保持筆直伸展的體型，一般也指呈垂直對折的體型。

---

13 弓狀舒展體操

≪方法≫

全身筆直伸展呈俯臥姿勢，用單手握住另一隻手的手臂。練習的夥伴坐在其身側，或站立抓住裡側的腳腕，另一隻手抓住手腕。然後雙手往上拉，使躺臥者的身體變成「弓」狀。俯臥者自始至終保持全身伸展的姿勢，不可彎曲膝蓋或手臂。以站姿拉起時，讓對方的肩膀搭在位於頭側的膝蓋，使其固定再往上拉起呈「弓」型。

≪目的≫

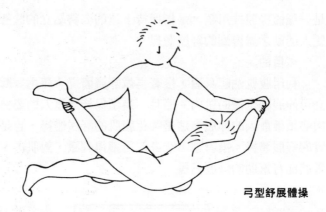

弓型舒展體操

　　這是對背肌收縮、大腳肌伸展、腹肌伸展具有效果的舒展體操。對於背部有如貓背呈圓弧狀的人，是一種矯正體操。對全身體骨骼造成刺激而藉由收縮與伸展的反覆練習，可促使精神上的安定。這是彎曲的脊柱或預防脊柱彎曲所應實行的舒展體操。

小　知　識

脊柱彎曲

　　1、生理性的彎曲——脊柱在生理上呈以下兩種彎曲狀。「弓狀彎曲」是明顯的彎曲，極端地形容是從側邊看起呈徐緩的Ｓ型。頸部和腰部朝前方突出，而胸部與仙骨部則朝向後方。「方向彎曲」是左或右朝前頭方向呈微弱彎曲狀。幼兒較難抵抗生理性的彎曲，在時間上也有差異。傍晚比早晨較為強烈。同時會受體位的影響。換言之，直位或坐位比臥位來得大。

　　2、病態的彎曲——疾病（脊椎骨瘍、佝瘻病）
或多年的習慣造成異常彎曲，譬如平背、圓背、後彎
、凹背、前彎、側彎等。

14　直立天鵝舒展體操

≪方法≫

　　雙手往後方伸直交握，單腳往後方抬起。輔助者單手握住
手腕，用另一隻手握住腳腕。接著往身前拉對方的手腕而腳腕
則徐緩地往上高舉。輔佐者讓對方儘量將胸部往後仰，並幫助
其保持均衡避免傾倒，將單腳往上抬起，似乎要抬起其大腿根
部。短暫保持靜止之後，雙腳交換動作。做這個練習時希望能
像天鵝般地展現華麗的姿勢（圖1）。

≪目的≫

　　在保持平衡中擴展胸廓仰身反翹，使胸肌與大腿肌伸展。

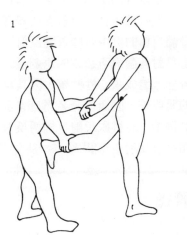

同時，藉由手臂往後伸展，成為手臂或肩膀的肌肉收縮與伸展的舒展體操。儘可能在舉高時不要彎曲膝蓋，可達到較高的效果。SWAN是指胸膛往前突出，上體往後翹的姿勢，有如天鵝展翅飛翔的姿勢。

≪變型≫

如圖2所示，雙手交握往頭頂上伸直，單腳往後方仰起。輔佐者用單手握住交握的雙手，用另一隻手握住膝蓋。被抓住的腳置於輔佐者膝蓋上方保持固定，而輔佐者將握住的雙手往後方用力拉。這時胸部會往前方突起，造成上體後屈，必須保持均衡挺立這樣姿勢。靜止數秒鐘交換抬起的腳。這也是對全身造成影響的舒展體操。

小　知　識

脊髓反射

脊髓反射有兩種。一是以骨骼肌為反射奏效器官的動物性反射；二是以其他各種器官為反射奏效器官的植物性反射。動物脊髓反射的例中有膝蓋腱反射、阿基里斯腱反射等，這是對各個腱所造成的急劇張力刺激到深部知覺的受容器，造成求心性興奮，因其反射效果引起與腱相關的肌收縮，因而被命名為自家反射。植物性脊髓反射的例中，有排尿反射、排便反射、交接反射等。排尿和高位反射也有關係。

15　上體反翹舒展體操

≪方法≫

　　採臥姿將雙手臂舉高到頭上。夥伴雙腳跨立在臀部上方，手抓住對方高舉的手。或者俯臥者握住站立者的雙手腕。最初站立者彎曲腰採前傾姿勢，慢慢地挺起上半身保持直立。靜止數秒鐘之後再採前傾姿勢，使對方呈俯臥姿勢。藉由這個反覆動作練習上體反翹舒展體操。

　　≪目的≫

　　這是讓夥伴在手臂拉力做舒展體操，重點不在胸廓，而是肩及手臂伸展的舒展體操。站立者若站在後方可將躺臥者的雙手拉至腰部，不過，這個動作並沒有任何固定物，最好把重點放在肩、手臂上。頸部和手臂一起上揚，眼睛注視前方。頸後

部的舒展也非常重要，當然，不論那個部位的肌收縮、伸展都是重要的。

≪變型≫

　站立者朝腳方向跨立在俯臥者的臀部上方。用雙手抓住雙腳腕，從前傾姿勢轉移為直立姿勢。俯臥者雙手張開伸直，極力鬆弛。腳被抬高時注意不要彎曲膝蓋。如果站在接近頭部的位置會加大大腿部的伸展，不過，這個舒展體操的重點在於大腿部的伸展、大腿二頭肌的收縮，千萬不要貪心過度無理強求。

小　知　識

延髓的機能

　延髓被認為是維持生命最重要的部份。古來被稱為生命點的要害是延髓的部份。一般認為菱形窩的底灰白層到網樣體存在著呼吸及循環的中樞，同時分佈於心臟、肺或消化器的大部份，而給予支配的迷走神經起自延髓內的灰白質或終止於該處。舌運動由舌下神經核主導，嚥下運動則藉由舌咽神經及迷走神經分佈的各肌的作用而產生。至於發聲在延髓有其中樞，而發出語言的高等作用唯有大腦皮質才能達成，光憑延髓不能造成作用。而味覺、聽覺、平衡感也是延髓所掌管的特殊感覺。

16　拉起舒展體操

≪方法≫

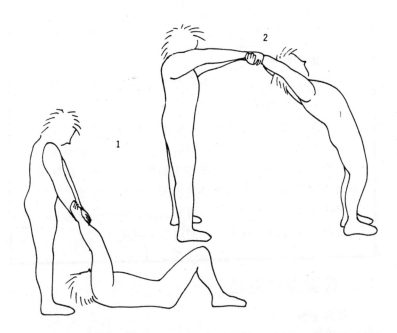

　　立起膝蓋採仰臥姿勢。輔佐者用雙手握住其雙手腕。輔佐者以直立姿勢站在靠近躺臥者位置（圖１）。接著由站立者拉起躺臥者，使躺臥者站起身來。讓上體反翹並在膝蓋用力，藉助輔佐者的幫忙慢慢站起身來的舒展體操。隨著起立的動作，輔佐者若不漸漸往前移動，則無法站立。而躺臥者隨著站起，雙腳會慢慢接近輔佐者的腳跟。為了站起身來，其中一人必須移動位置。

　　≪目的≫

　　這是強烈的手臂舒展體操。對膝關節、腹肌、胸肌也會造成伸展刺激。輔佐者從頭到尾必須伸直雙手給予輔助，因而對手臂、肩膀也會造成訓練效果。兩者必須配合呼吸共同作業。

小 知 識

變型性關節炎

剛開始會侵犯到關節軟骨，接著會傷害到軟骨下的骨頭的一種退行性變化，多半是老人性變化，而男孩比女孩發生的機率較多。關節受到障礙後或競技運動中經常發生的小外傷，對關節軟骨造成作用時，不論男女或幼年都會出現變型性關節炎。同時，新陳代謝障礙或寒冷、潮濕也是其誘因。因此，對策是通暢關節部周圍的血行，藉由適度的運動防止肌萎縮、攝取營養或避免低溫多濕，則可多少避免。

---

17 背面雙手互拉

≪方法≫

雙方背對而立，用雙手交握或彼此握對方的手腕，以各種

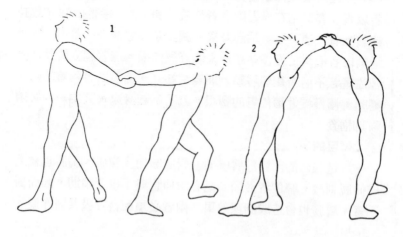

形式活動手及腳，並互拉。雙方可彎曲膝蓋、落下腰身或自由地移動手及腳，從各種角度互拉。並不需要顧慮同一個腳部的移動，可自由率性地做任何動作。不過，必須隨時注意雙手臂保持筆直。

≪目的≫

可自由自在移動腳部，如果考慮到對腳肌肉的刺激而做膝蓋彎曲、伸展的動作，則可期待腳整體的伸展與收縮效果。同時，由於雙手臂隨時保持筆直伸展，可從各個角度出力。這不僅能對整個手臂肌肉造成刺激，也有助於肩膀周圍的肌肉，同時，根據用力的程度也會造成頭部移轉，這對頸部也有助益。

小　知　識

拮抗肌

誠如四肢的屈肌和伸肌呈左右相反的一組肌而各稱為拮抗肌。四肢關節伸屈時其關節的各個主動肌會同時收縮，而原本收縮的拮抗肌會弛緩。同時，固定關節時拮抗肌雙方都會收縮。由此可見拮抗肌有相互抑制及協同作用，而這些作用是成立於各個肌的運動中樞之間，反射動作時拮抗肌的緊張會反射性地低落，使得主動肌的活動變得容易。此類交互性的反射性抑稱為交互性抑制。

18　屈膝背面雙手互拉

≪方法≫

兩者單膝著地，雙手互握，自由地移動腳步互拉。如圖2

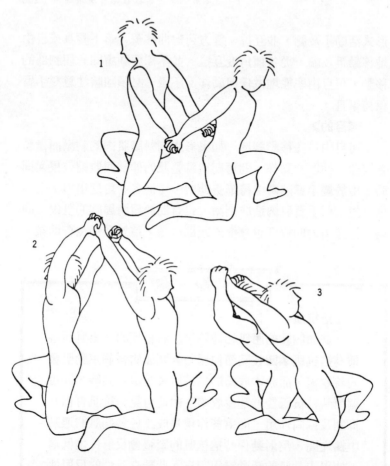

所示，可將雙手往上舉高，從各個角度互拉手、腳。儘可能留意採挺胸姿勢張開腳步，或縮窄腳步，以各種方式做所有肌肉的舒展體操。要領是隨時保持手臂筆直伸展。使出全力拉扯或緩慢用力，適度地加減運力的情況來進行。

≪目的≫

可以期待全身舒展體操的效果。尤其有助於矯正肩膀的僵

硬。藉由胸膛反翹、背面彎曲而達到出乎想像的效果，交換屈膝的腳或改變握手的方式，不僅運動力多彩、奇特且會造成刺激，也可以使手臂變得柔軟。同時，根據握力的強弱也有助於握力強化。

≪變型≫

如圖 3 所示，兩者背對背由其中一方將對方雙手拉至頭上，使對方上半身伸展。彷彿背負重物一般呈駝背狀，將對方背負在背上。雖然無法期待肌伸展、收縮的效果，然而可以以胸廓為中心，對骨骼造成極大的刺激。而被背負者可藉由這個姿勢獲得全身的鬆弛。

小　知　識

血　腫

骨折之後會造成嚴重的出血。這乃是骨膜、骨與尤其是有造血作用的骨髓的出血，或附近血管群的受傷所造成，出血血液瘀積在骨片之間、剝落的骨膜下層、骨與肌肉之間。因此，骨折的骨膜、骨髓及附近的軟骨組織會浸泡在血液中。另外，由於受傷時的外力皮下組織也會出血。當關節通過關節包時，隨著時間的流逝會慢慢形成關節血腫。

19　單腳站立前屈舒展體操

≪方法≫

站立者用雙手握住對方單腳腳腕，成為使對方單腳站立的輔助者。單腳站立者挺直伸展被握住腳的膝蓋。做前屈、後屈

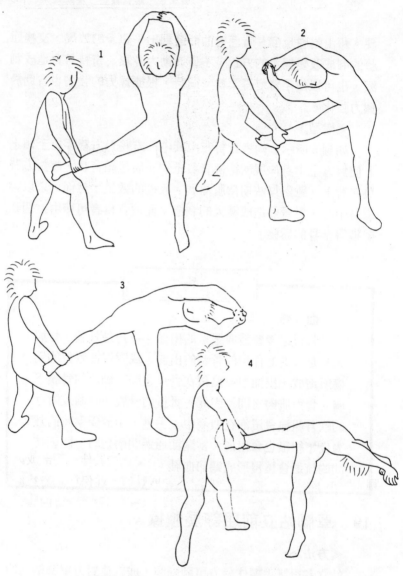

、體後屈等動作。同時，可將雙手往頭上伸直交握，以腳尖站立，從各個方向擺動身體做舒體操。單腳站立的腳也要筆直伸展，除了保持平衡外也要做全身運動。

≪目的≫

藉由不安定的單腳站立姿勢保持平衡，以避免傾倒並做全身的舒展體操。採單腳站立時和雙腳站立所使用的肌肉不同，所承受的負荷也不一樣，因而刺激的程度有顯著的差別。藉此可以經驗以特殊的姿勢，反覆肌肉的伸展與收縮。這是俯臥、仰臥姿勢無法造成的刺激。骨骼、關節、肌肉等所有一切的舒展體操。

小　知　識

三角肌

從外覆蓋肩關節呈三角型的強大肌。起自鎖骨及肩甲骨，延伸到上臂骨的體側。造成上臂的外轉。

20　單腳站立扛肩舒展體操

≪方法≫

站立時雙腳搭在夥伴的肩上。雙手交抱住夥伴的頸部或如圖 1 所示，搭在雙肩。做腳部肌肉伸展動作，並保持該姿勢做前屈動作。這是相當費力的舒展體操，如果練習夥伴彎曲膝蓋把腰身放低，則初學者也駕輕就熟。練習夥伴按住對方的頸部儘量使其碰觸大腿部，更能提高效果，這也是全身的舒展體操。

≪目的≫

最適合全腳的舒展體操。藉由保持平衡並做前屈動作，可

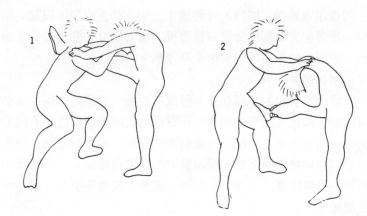

伸展背肌肉，也是胸部肌肉、腹肌的收縮運動。同時，對脊柱
及其他骨骼造成刺激，也是全身的矯正運動。如果練習夥伴伸
直膝蓋筆直站立，能使骨關節產生柔軟性，全身關節得以伸展
。雖然這個動作在保持身體的均衡上頗為困難，剛開始練習時
夥伴若彎曲膝蓋來做動作，就可輕易地克服。

　　≪變型≫

　　如圖2所示，把單腳腳底搭在練習夥伴的大腿部，用同方
向的手抓住該腳的腳腕。然後彎曲另一腳的膝蓋，將手搭在伸
直腳的膝蓋上。然後讓練習夥伴用雙手按在背上。當可以輕而
易舉地伸直搭在對方大腿部上的腳時，則可移轉做圖1的舒展
體操。

┌─────────────────────────┐
│　　　　小　　知　　識　　　　│
└─────────────────────────┘

內腹斜肌

　　位於外腹斜肌下層，和與此呈交叉方向的內肋肩
肌呈同一方向的肌。內側緣是腱膜，分為前後二葉，

包裹住腹直肌的前後兩面，外腹斜肌的腱膜覆蓋在前
葉的表層，而腹橫肌的腱膜覆蓋在後葉的表層給予補
強。

21　單腳站立 L 字型舒展體操

≪方法≫

　　站在後方的練習夥伴從下方用單手扶住伸直的單腳膝蓋略
下部，用另一隻手抓住在頭後部雙手交握的外側手肘下。呈 L
字型以腳尖站立做運動。練習夥伴單手抱住膝蓋關節下部，用
另一隻抱住手肘下部的手，往側邊推壓，使站立者做體側運動
，讓其頭部儘量接近大腿部。保持數秒鐘靜止後，再回復原位
做練習。

≪目的≫

　　以單腳站立的不安定姿勢做體側運動時，會造成廣背肌、

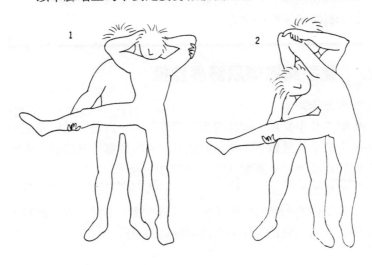

棘下肌的伸展。同時也是兩腳伸展運動，可軟化腳部關節。體側運動做得更徹底時，將手肘下部慢慢彎曲地推壓，甚至可以對體幹的骨骼造成強烈刺激。保持均衡並伸直腳關節，來擺動上體，是非常困難的動作，但請各位當做是舒展體操的極致，放下膽來嘗試吧。

小　知　識

肉　裂

「肉裂」這個語詞的概念或實態非常不明確，至今尚找不到適合表示肌肉損傷的學術用語，但是，俗稱的「肉裂」是指肌纖維的一部或大部份斷裂。也可能是肌肉的皮下斷裂或肌膜的損傷，多半是指程度較輕者。它也指肌膜、肌纖維及軟部結合組織的部份或大部份的斷裂，至於病理解剖上的見解或發生的誘因尚有許多不明瞭之處。

22　雙手交握側屈舒展體操

≪方法≫

雙方雙手交握，彼此內側的腳靠近，一方的手置於頭上，另一方的手位於肩下，使出力氣互拉。內側腳筆直伸展，而外側腳屈起膝蓋來做運動。

≪目的≫

這是道地的側屈舒展體操。可刺激腳、手臂、肩、體側。最簡便又無危險性，任何人都可輕易的練習。

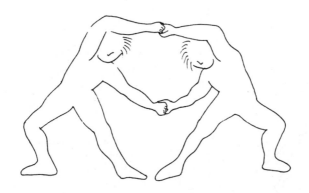

小　知　識

無條件反射

　　這是脊髓、腦幹成為反射中樞所造成的反射，是動物之間共通的先天性反應。這個反射與大腦皮質無關，也不受後天生活環境的影響而自然出現。這是相對於皮質所控制而產生的條件反射用語。

23　互拉上體側屈

≪方法≫

　　一人採直立姿勢，打開雙手與雙腳，練習夥伴握住其單手的手肘下部。練習夥伴伸直雙腳而坐，用力拉扯站立者的手肘下部，而站立者也拉自己的手臂與之對抗。雙方拉扯的情況如圖2所示。站立者如果彎曲內側膝蓋，則可做側屈運動。對肌肉與骨骼造成刺激。

≪目的≫

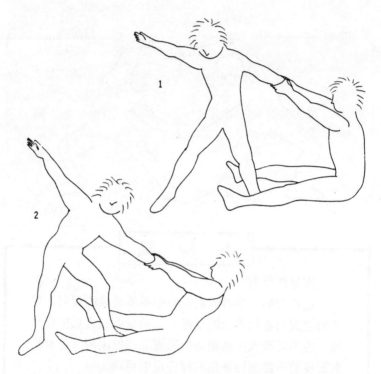

　　為了避免傾倒，自己也用力回拉以對抗練習夥伴的拉力，在拉扯過程中保持直立姿勢，做側屈運動，為了避免傾倒會對膝蓋的韌帶、阿基里斯腱造成負擔。彼此拉扯也是一種肌強化的訓練。坐者是腹肌強化、手肘與手臂伸展運動，對上半身的肌肉造成刺激，彼此用力拉扯再鬆緩力氣，反覆一強一弱的拉力，對肌肉造成好影響。

```
┌─────────────────────────┐
│      小　知　識          │
└─────────────────────────┘
```

腓腹肌的「痙攣」

　　以坐姿用毛巾、浴巾等覆蓋在腓腹肌上，再用手掌搓揉使其暖和，或用溫濕布、溫水充分地熱敷之後，徐緩地彎曲膝關節。症狀輕微時可藉此療癒，無法療癒時做深度的彎腰，讓體重徐緩地移轉到患者的腳尖，最好讓腳關節彎曲到背側。動作過於迅速可能會為肌纖維造成傷害必須特別注意。

24　扛肩抬高

≪方法≫

　　一人彎曲膝蓋將身體擺低，握住背對的練習夥伴的雙手，用自己的雙肩扛起。二人背部緊靠，扛者腰身稍微後移以便扛

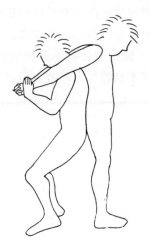

起對方。扛起時必須利用手肘與肩的上臂，再徐緩地伸直膝蓋慢慢地扛起對方。而被扛者將頭部往後方反翹儘量不做抵抗。雖然是單純的運動，卻具有極高的危險性，必須小心練習。

≪目的≫

這個運動的目的在於提高肩的柔軟度。同時，不僅能對三角肌、僧帽肌、肩甲舉肌、菱形肌、棘下肌等背部的肌肉造成刺激，也是這些肌肉的收縮運動。不論肩膀的肩力多強，若缺乏柔軟性則無法應用其肩力。這個運動不僅適合俗稱的「肩酸」，也可去除肩膀疲勞。

小　　知　　識

「痙攣」「肌痛」的預防

碰到肌纖維沒有斷裂的「痙攣」或「肌痛」的情況，應儘早排泄肌肉內新陳代謝的產物。因此，利用按摩或柔軟體操增強肌肉的柔軟性或藉由熱敷促進血液循環。同時，不要做激烈的準備運動，平常充分地攝取維他命 B_1、鹽份並注意不要使肌肉受涼，同時做好準備運動或柔軟體操，以避免損害肌的柔軟性。

第四章
多采多姿的二人組體操法

增強運動意欲的二人組體操

　　第四章所介紹的「二人組體操」並非在運動會或體育慶典中，多數人連袂所做的 Tumbling。Tumbling 雖然是數人手拉著手或搭在肩上或做倒立以各種方式表現的體操，但其中並沒有訓練的要素。它是追求所謂的「美的」層面，可說是為了讓第二者觀賞的演技。

　　相對地，本章所說的「二人組體操」乃是兼具「動態」、訓練或柔軟體操的運動。本書的目的在於成為「鍛鍊體力」教材的雙人運動，因而不追求「美感」，重視對人體有益的實用性。同時，刪減了以倒立為中心的一般雙人運動，而介紹平常不太盛行的其他「二人組體操」。這並不是輕視倒立運動的價值，乃是因為倒立運動已是眾所周知的雙人運動。

　　尤其是特別介紹許多日常生活中鮮少體驗得到的「回轉運動」。其中也有具有危險性，必須在護墊上練習的體操，然而我們認為只要依指導方式，也有可能在任何地方練習而給予介紹。「回轉運動」無庸贅言乃是增強敏捷性不可或缺的運動。縱然具備體力、能力、又保持柔軟性，若缺乏敏捷性，再強健的體魄也是虛有其表。

　　本章可說為了避免虛有其表而收集了與運動能力、競技能力相結合的雙人運動。二人同心協力運用柔軟性並愉快地增強敏捷性，非但重要也是極有幫助的補強運動。這些全是必須有夥伴才可以練習的運動，同時也是對人體機能的挑戰。出乎意料地，人鮮少有機會利用身體去理解人體機能的界線，同時，平日運動的課程也會形成老套。「二人組體操」的引進不僅能解決這些問題，又能愉快地參與其中有助於提高運動意欲。

　無庸贅言，本章的「二人組體操」和前述的遊戲、訓練、舒展體操等都是增進運動意欲的糧食。任何人都能輕易地參與的單純基本運動。同時，因為和勝負優劣毫無關係，不會煽動無聊的競爭心，讓彼此能以真摯的心情挑戰的運動。不過，我們承認運動多少具有危險性，在練習時仍然必須小心留意。

　總而言之，如果藉由「二人組體操」的練習，而能擴大運動項目範圍，幾乎已經達到了本書的目的。「二人組體操」具有可導入 Tumbling 的一面，若由多數人來練習也可從中追求「美感」可謂一舉數得。

小　知　識

三半規管

　內耳迷路的一部，連接在前庭的後外側的半環狀管。區分為上、外側、後三部份。這些半規管各有一個膨大部。各半規管位於彼此呈直角的面上。骨半規管的內部有成為膜迷路一部份的膜半規管，其中有稱為膨大部稜的特別構造。膨大部稜中聚集著有毛細胞，其上方稱為杯。

　充斥在膜半規管內的內淋巴的流動會對有毛細胞的毛造成影響，這會傳達到分佈於膨大部稜的前庭神經支，接著傳達到腦部。三個半規管彼此位於呈直角的面上，可能以各個方向分析三次元空間的運動。骨壁和膜半規管間有充斥著外淋巴的寬廣空隙。

1 抱轉運動

≪方法≫

一人變成「稻草人」。另一人從後方騎在其身上，腳不要著地，想辦法在「稻草人」的身體繞轉一圈。「稻草人」打開雙手彷彿大樹一般，泰然自若地站立。被背負者巧妙地運用雙手、膝蓋、腳底做繞轉運動。「稻草人」有時可彎曲膝蓋或降低腰身以便保持平衡。

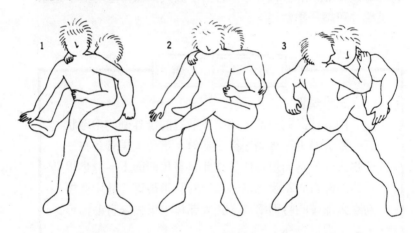

≪目的≫

騎馬者必須具備柔軟性。不僅可學習雙腳的靈敏，也能習得腳底的利用法。「稻草人」若不能適當地保持平衡會傾倒，而騎馬者繞到身前時可能會往前踏出一、兩步。這可以學習如何轉移重心以避免傾倒。而騎馬者由於雙腳不能落地，可學習堅忍不拔的毅力，並實踐靈巧的身手。

```
┌─────────────────────────────────┐
│      小　　知　　識              │
```

眩暈（目眩）

　　眩暈的定義並無定論，一般認為這和前庭器末梢、前庭神經中樞領域或與此相連的大樞神經系統的器質性或機能性障礙有密切的關係。眩暈有耳性症、鼻性症、小腦性症、胃腸性症、眼性症或更年期現象，神經性症等多種類型。在治療上當然以原因療法為重要，現今利用藥劑或其他特效法的治療令人難以苟同。

2　倒立扛起回轉

≪方法≫

這是一人倒立而背對著練習夥伴的運動。剛開始彼此面對

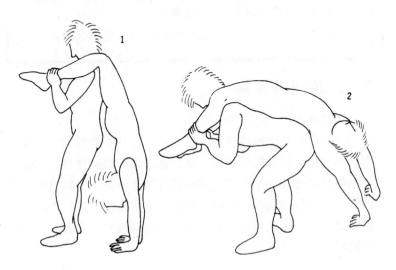

而立再由其中一人倒立。緊緊握住倒立者的腳腕，扛起上半身再徐緩地使其雙腳著地。著地的速度太快會有危險。而倒立者以及被扛起者必須隨時保持雙手筆直伸展，在空中的動作要放鬆全身力氣，然後伸直雙腳著地。

≪目的≫

利用倒立動作反仰脊柱並鬆弛全身，然後著地會體驗一股緊張感。接著交換動作，二人持續反覆同樣的動作，過程中彼此要配合呼吸，避免多餘的動作，展現美妙的姿態。從鬆弛到緊張，讓身體習得瞬間能夠變換緊張與鬆弛的拿捏。這是一種共同作業，因而最適合培養避免給同伴帶來麻煩的顧慮。

小　知　識

回轉運動

在開始回轉或停止時會感覺到回轉。停止時會錯覺地以為方向顛倒。據說這是因內淋巴的慣性造成流動，使得平衡毛傾斜在知覺細胞上發生興奮的緣故。

3　人體回轉車輪

≪方法≫

一人躺臥在地握住夥伴的雙腳腕，而站立的夥伴也緊緊的握住倒立往上伸直的雙腳腕。站立者從這個姿勢彷彿跳躍前轉一般作回轉運動。結果躺臥在地者會站起身來，立即造成回轉運動。如果連續回轉就變成車輪轉動。隨時注意下巴內收避免重擊頭部。利用這個方法也可以反回轉。只要站立者往後轉，下位者就可站立起來。

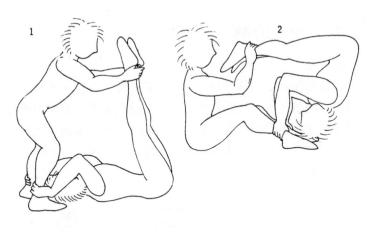

≪目的≫

提高兩者的柔軟性並習慣空中動作。藉著連續做在腳部用力、放鬆的運動，可培養敏捷性也可做被動的練習。彼此配合呼吸內縮下巴而眼睛注視著肚臍。即可養成不重擊頭部的習慣，反覆地體驗捲屈身體、伸展身體與緊張、緩和感。

小　知　識

脈　搏

在心室拍動的最高期血液往大動脈輸送，因而血管中會傳來彈性波，用指尖碰觸所得的觸感就是脈搏。脈搏隨著流向動脈的末端衰弱，無法傳達毛細管。在大靜脈如外頸靜脈碰觸的脈搏（靜脈脈搏）是從心臟逆行大靜脈所傳達的心臟活動的波動。據說脈搏數一分鐘平均約男子 64、女子 70。

4 馬上倒立回轉

≪方法≫

站在匍匐於地的夥伴身側，雙手置於夥伴的腹下，抓住兩側腹。下巴頂在所伸出的雙手之間。從這個姿勢利用彈力抬起雙腳呈倒立狀再回轉，落腳於反方向的地面，然後迅速地回到原位。下位者要忍住體重移動，充分地保持身體均衡。連續練習十回左右再交換動作。

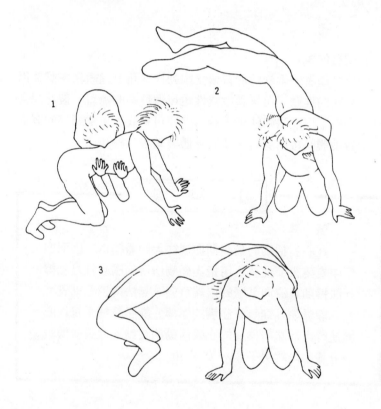

≪目的≫

　身體不要完全伸展，儘可能縮小呈圓弧狀。利用著地的反動回復元位，這時在背面也要使身體儘量縮小。這是一種柔軟運動，能培養敏捷性。位於下位的夥伴隨著對方體重的移動，迫不得已變得搖搖擺擺，這時要敏感地調節用力的程度，保持趴在地上的姿勢。這也是訓練瞬發力與培養勇氣的運動。若能迅速地使身體縮成圓弧狀，就可輕易練習這個雙人運動。

┌─────────────────┐
│　　小　　知　　識　　│
└─────────────────┘

　鞍　馬

　直到目前仍然是體操競技中的重要項目，其實鞍馬是古來相傳已久的運動。羅馬時代利用木製馬讓戰士以武裝訓練直到純熟。木馬的跳躍左右都有練習。提到鞍馬運動幾乎令人聯想到德國，可見德國鞍馬運動的盛行，其實這個運動多半是義大利人或法國人的推廣。

5　太鼓橋後擲

≪方法≫

　將頭部伸入以中腰站立的夥伴的雙腿內呈高橋狀，用雙手緊抱腰下。站立者的練習夥伴也用雙手緊緊抱住腰下。站立者從這個姿勢抱起位於下方的夥伴，順勢往後方投擲。被投擲者的下位者由雙腳落地並順勢站起身來。接著上下交換動作，由另一人投擲。最好呈大幅度地往後方翹起投擲。

≪目的≫

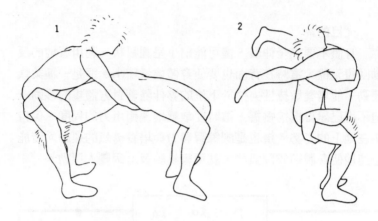

　　培養往後仰的勇氣，屬於後屈運動。培養從空中著地後調整姿勢再移轉到下個動作的敏捷性。以不習慣的姿勢做動作，是學習身體機能的機會，也可以對自己的身體建立信心。下位者必須留意運用瞬發力，減輕抱住自己的站立者的負擔。這是最適合體驗同伴情誼的雙人運動。

┌─────────────────────────────────┐
│　　　　　小　　知　　識　　　　　│
├─────────────────────────────────┤
│　**急性腰痛症**　　　　　　　　　　　│
│　　突然閃腰或急速抬起重物，或在奔跑時突然停止│
│跑步，容易造成急性腰痛症。當然，誘因乃是準備體│
│操不足、疲勞狀態、寒冷時、腰部受寒、睡眠不足等│
│。可能是腰肌或韌帶的損傷。　　　　　　　　　│
└─────────────────────────────────┘

6　背負空中回轉

≪方法≫

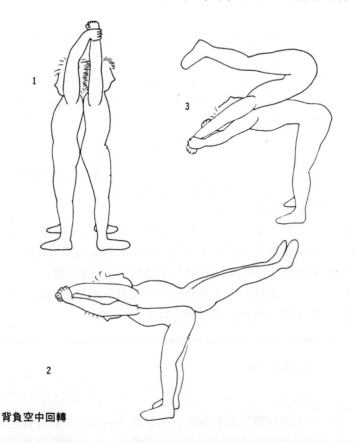

背負空中回轉

　　彼此背靠背，一人握住對方高舉在頭上的雙手腕。接著彎下腰做前屈動作，使對方的上體往下垂。確實讓對方的雙手著地，而將腰身往上翹起。做這個動作時腰身要保持穩定並負責使對方的雙手著地，在確認過程中絕不可鬆開對方的雙腕。再次背對而立交換動作練習。

≪目的≫

　　下位者是前屈運動及雙腳的舒展體操。上位者使全身伸展

以弓狀的姿勢保持鬆弛，在空中收縮腹肌一回轉而站起身來，這可加強空中動作。在空中的背面動作可助長身手的輕盈，養成將身體縮小呈圓弧狀的習慣。伸展脊柱刺激內臟各器官，有助於全身肌肉伸展與收縮的愉快運動。慢慢地加快回轉的速度，倍覺樂趣無窮。

┌─────────────────────────────┐
│   小　知　識   │
├─────────────────────────────┤
│ **大腿屈肌群的「痙攣」**
│
│　　熱敷肌肉輕輕按摩保持腹部位於下方的位置，伸展腿關節並彎曲膝蓋即可，伸展骨關節是採伏地挺身姿勢往上反翹，或在膝關節處放浴巾，或治療者把正坐的大腿部伸入患者膝關節下墊高，用單手為患者按壓腰部。然後徐緩地彎曲膝蓋。
└─────────────────────────────┘

7　後擲回轉

≪方法≫

一人站在蹲立的夥伴後方。如圖1所示，用肩膀扛起站在後方的夥伴。雙方的身體紮實地交纏住。扛起對方者將上體往後方仰翹，做後擲動作。被後擲者以雙腳著地。做這個動作的過程中雙方絕對不可鬆開身體的交纏。接著保持這樣的姿勢交換投擲者繼續進行。

≪目的≫

學習意識到重量感，朝後方反翹的動作。上位者是被從腳部投擲而出，因而不會有恐懼感，可以輕易做空中的回轉運動。而投擲者是運用膝蓋的彈力將對方抱舉到胸前的運動。看似

大膽的運動卻沒有危險性，連初學者也可輕易練習。如果二人配合呼吸持續練習，也是最適宜的舒展體操。

小　知　識

運動競技與「足痛」

　　人類的步行稱為起立步行。特殊的腳機能是其它動物無法相比，具有複雜而合理的構造，而另一方面反而成為人類的抵抗減弱點，造成阻礙健康生活的原因，對於指導運動者而言，也是一大關心事。尤其在

指導女子體育時，因為思春期的體重增加，其各種競技運動的過程中會碰到運動員苦訴「足痛」。足痛的原因有一、因內科先天性疾患所造成。二、因外傷及其後遺症所造成。三、因機能性及器質性等原因不明所造成。四、成長不平衡所產生的暫時疼痛等。

8　空中反轉盪鞦韆

≪方法≫

如圖1所示，用雙手抱起彎曲膝蓋身體成對折的夥伴。將對方當作米袋抱起到胸前後，做左右晃動。被抱起者彎曲膝蓋時儘可能將身體彎曲成對折狀，這個姿勢容易抱起，也容易晃動。左右各晃動五次後交換動作。晃動時彷彿擺錘一般，作大幅度的震動。

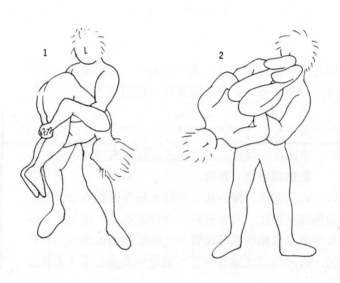

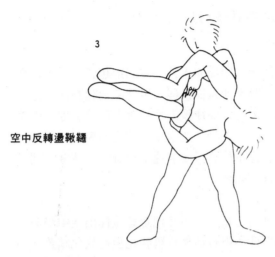

3

空中反轉盪鞦韆

≪目的≫

　　保持腰部安定而抱起伙伴，有助於強化臂力。為了保持腰部安定，膝蓋略微往前彎曲，這個姿勢可加大振幅。抱起者夾緊身側可以矯正側身失防。只要腰部安定，脊柱略往後仰做晃動時即使不安定的姿勢也可以保持平衡。

小 知 識

氣 勢

　　競技比賽中會出現「挫敗於對方的氣勢」等情況，這是指精神集中而向對方展現的氣勢或吆喝聲。而氣勢除了對對方帶有攻擊、壓迫的作用之外，對自己本身的情神集中、情緒統一也非常重要。在指導上帶著氣勢來進行，對於技術的發達也非常重要。

9　溜滑梯後方空中反轉

≪方法≫

站在直立者的後方，頭部伸入其大腿間抬起直立者。直立者將身體伸展開來，雙手伸直往後仰。用背部抬起夥伴者徐緩地抬起上體變成站立姿勢，而往後方反翹著用雙手著地，接著再用雙腳著地。這個雙人運動是空中反轉的初步練習，剛開始必須徐緩地作動作，而下位者只要加速站起身來的速度，就可以巧妙地作空中反轉的動作。

≪目的≫

這是空中反轉練習。藉此可迅速地憑意識作出空中姿勢、動作。位於下位的夥伴不但有助於背肌強化也可軟化膝蓋。必須努力使二人的呼吸配合，這可培養親密的夥伴情誼。漸漸撫平恐懼感而對空中運動產生信心後，不久即能靈巧地作後方空中反轉的動作。

1

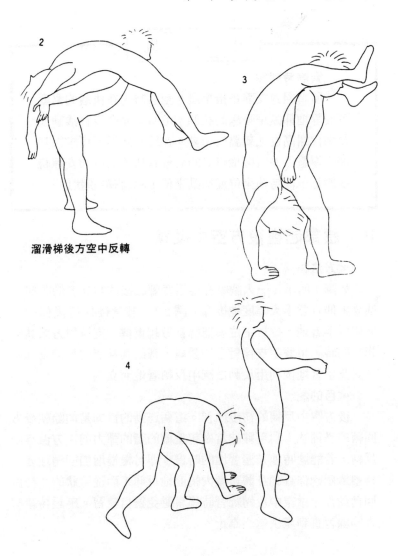

溜滑梯後方空中反轉

┌─────────────────────────┐
│　　小　　知　　識　　　　│
└─────────────────────────┘

安靜時狀態

　　所謂絕對安靜是指早晨、空腹時、在快適的溫度
下安靜地仰臥呈睡醒的狀態。這時，完全沒有活動或
食物代謝高進或氣溫的影響。在這個狀態下可求得基
礎代謝量做為疲勞檢查等的對象狀態所需要的安靜時
狀態是，保持椅坐位或橫臥坐位1～2個鐘頭狀態。

10　腰部起重後方空中反轉

≪方法≫

　　如圖1所示，一人躺臥在地用雙腳底按住站立者的腰部。
站立者伸直雙手大幅度地後仰（圖2）。接著從保持後仰的姿
勢使雙手著地，位於下位者把腳當做起重機，支撐對方讓其彈
起。同時，用雙手支撐對方的雙肩，輔助其身體的反仰動作。
令其雙手著地後利用反動做空中反轉著地而立。

≪目的≫

　　後方空中反轉的初步練習。這個運動的目的是消除朝後方
回轉的恐懼感。利用夥伴當做起重機的腳的彈力朝後方做空中
反轉，若能適時地掌握著地的時機，即可慢慢增加回轉速度。
持續這個動作直到身體可做大幅度地反仰，而從弓狀的姿勢做
回轉動作，做空中反轉練習時儘量避免獨自練習。應該持續雙
人的練習直到產生信心為止。

腰部起重後方空中反轉

┌─────────────────────────────┐
│　　　小　知　識　　　│
└─────────────────────────────┘

腦震盪

　　如果是受重擊的情況，會有頭蓋內出血的危險。因此，碰到一時回復緩慢時必須警戒，而回復後若有激烈頭痛、嘔吐、目眩時，應立即保持安靜，將患者送到專門醫院治療。在實際發生事故的現場，經常看見已經腦震盪者用水桶潑水或拍打其顏面，祈使患者回復意識，這些動作都必須嚴禁。即使可能是輕度腦震盪，至少也要保持二～三天的絕對安靜，總之，對待腦震盪患者最好能慎重處置。

11　人體四肢吊籃

≪方法≫

　　呈俯臥姿勢的練習者和跨站在其背後方的夥伴，雙手交握。俯臥者將雙腳夾住，以對方交握住的手的內側夾住腰，與大腿部上保持固定，彷彿吊籃一樣抬起來。然後做緩慢的搖擺。這是強度的柔軟體操，必須慎重練習，事前當然要有充分的準備運動。

≪目的≫

　　這是俯臥姿勢的練習者的柔軟運動。除了可軟化肩關節、膝關節、腰部外，還可擴大胸廓。站於上方的練習者拉起對方做徐緩的搖晃動作，這是雙臂與雙腳的舒展運動，也有助於腰部的安定。這個動作並無法長時間持續，搖晃約十秒鐘後彼此交換動作，為了儘可能減輕對腰部的負擔，儘量用腳踝的兩側夾住。

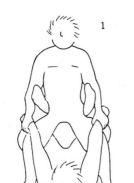

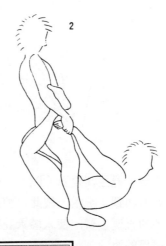

小　知　識

護身守勢

　　柔道中被投擲、推倒、或自己倒地時，為了確保自己的安全而有護身守勢的方法，根據跌倒的方向可分為後、側及前等三個方位。其中往後傾倒時，用雙臂碰觸地板的護身守勢，在最初的護身守勢練習中學習。練習是以現場狀況從低姿勢徐緩地抬高，並慢慢地加快速度移動進行。

12　人體四肢吊天花板

≪方法≫

　　從後方將雙腳尖踏在對方的膝蓋後側，而對方的雙腳尖同樣地置於另一方的膝蓋後側（圖1）。接著如圖2所示，從後方抓住對方伸直的雙腕。然後抬起雙腳使背部著地再放鬆對方

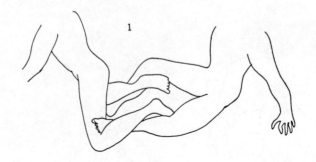

1

的雙手腕，握住其雙肩（圖3）。

　　或者如圖4所示，彼此手腕交握（圖4），在躺臥時雙方筆直地伸直雙手臂，使人體天花板頂得更高（圖5）。

　　≪目的≫

　　對變成天花板的練習夥伴而言，這是肩及膝蓋的強度柔軟運動。雙方雙腳的盤法顯得有些困難，但是，無論如何，必須紮實地把腳尖貼靠在對方的膝蓋內側。脊柱筆直伸展，在空中反仰上體，這也是一種矯正運動。如果和練習夥伴的呼吸不配合，恐怕會朝左右傾倒。這是最適宜培養夥伴情誼的運動。

小　知　識

競技運動障礙的定義

　　長時間做同一個身體運動時，在無特定原因下運動器（肌、腱、韌帶、骨、關節、神經）上出現機能性或器質性異常。譬如，陸上競技選手常見的扁平足樣變化、踵骨棘的形成或棒球、網球、柔道、槍、舉重選手們常見的肘關節變化等。這些競技運動外傷和競技運動障礙，合併稱為競技運動傷害。

人體四肢吊天花板

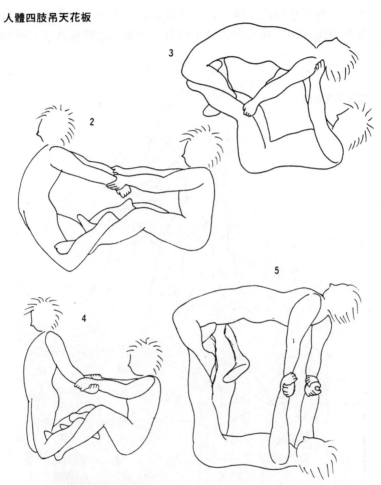

13　互插兩腋合胸

≪方法≫

　　彼此靠胸成相撲的右四姿勢（右四是相撲的動作之一，雙方都成左上手、右下手的姿勢。上手是從對方插入己身腋下的

手上方奪其袴褲的手勢，而下手是插入對方腋下的手勢）。彼
此都應覷覰伸手插入對方腋下向對方反擊。這時彼此要碰觸胸

互插兩腹合胸

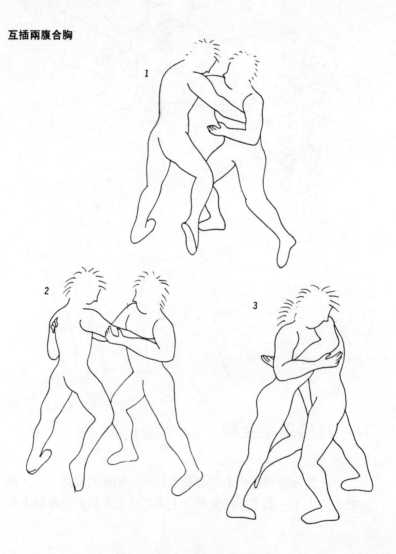

部。伸手插入對方夾緊的腋下轉動地抬起手，並插入手指將體重置於手臂。兩者配合呼吸互相施壓體重，並交互做迅速的動作。插入的手臂用力地抬起並筆直伸直。雙方有規則地喊出吆喝聲來練習，更能加快速度。

≪目的≫

可以矯正鬆弛的雙腋。藉由手臂插入夾緊的腋下，可強化廣背肌，同時對三角肌也有好影響。藉此也能學習體重的移動與均衡感。二人挺起腰身並激烈地用胸膛互碰，甚至發出聲音來，可對內臟各器官造成好刺激。有助於學習將體重加壓於對方的技術及使雙腋堅硬。

小　知　識

營養素

這是身體發育維持上不可或缺的營養物質，包含蛋白質、脂肪、碳水化合物、維他命、礦物質（鹽）、水等。換言之，營養素是體內作為熱能供給、皮組織構成、消耗物質的補給及生活調節等的原料。

14　L字形抱起頸後加擊

≪方法≫

雙手伸入站在前方的練習夥伴的雙腋下，在頸後雙手交握以夾住雙腋，或者按在頸後。保持這個姿勢抱對方。這個技術的角力用語是「Nelson」，即頸後加擊。被頸後加擊的人，前方腳尖併攏抬起雙腳，往前方伸直成L字形，靜止這個動作約十秒鐘。交換動作練習。

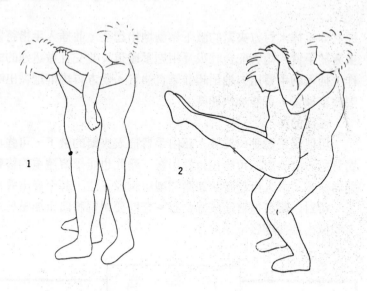

1

2

≪目的≫

養成雙手插入雙腋而固定腋下的習慣。以這個姿勢彎曲膝蓋而抱起對方，有助於強化腰及手臂。而且，動作中必須保持均衡，也可藉此培養安定性。而頸後被擊的練習夥伴是強烈的腹肌運動與雙腳的舒展運動。同時，藉由頸後被擊可軟化雙肩，被按壓頸部對頸部也有強化作用。

小 知 識

打撲傷（撞傷）

這是俗稱的「打傷」，是受到鈍重的外力，譬如打撲、衝撞、投擲所引起的外傷。皮膚上雖然沒有損傷，卻有皮下出血或腫脹成暗紫色感到疼痛。頭部的撞傷會引起腦震盪而暫時失去意識。腹部的撞傷也會

造成臟器破裂而因內出血，引起休克症狀，情況危急
時必須注意一般狀態。

15 背面拱橋伸肩

≪方法≫

二人保持適當速度背對而立，彼此雙手交握。或握住各自
的手腕。或者只由一方握住對方的手腕。上述任何方法都行。
然後儘可能伸展手臂，彼此發出吆喝聲，讓身體做大幅度的左
右擺動。最好挺起胸膛，上體略微反翹成弓字形。保持均衡練
習數回。

≪目的≫

由於雙方是呈弓狀的站立姿勢，彼此握住手腕，因而必須
保持平衡。

由於二人之間採適當距離而顯得不安定。保持不安定的姿
勢做大幅度晃動手臂的動作，自然會使肩膀變得柔軟。這等於

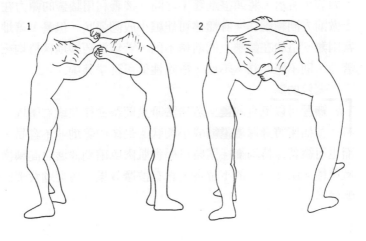

是肩膀的柔軟體操。而根據雙手交握的方式所運用的肩肌肉不同，若以各種握法來練習效果更高。如果把它當做建立雙人運動的練習夥伴之間情誼的序章更為有趣。

```
┌─────────────────────────────────┐
│        小   知   識              │
├─────────────────────────────────┤
│                                 │
│  整理運動                        │
│    這是儘早使因主運動而高亢的活動狀態回復常態 │
│  的一連串運動。瑞典式體操中這類運動的代表有下肢 │
│  、體、呼吸等的運動。整理運動的份量由主運動決定 │
│  ，為的是調整成較徐緩的呼吸。          │
│                                 │
└─────────────────────────────────┘
```

16 馬上平衡前轉

≪方法≫

一人當做馬伸直雙手，頭部下垂。練習夥伴雙手握住其腰，如圖 1 所示，將頭擺進雙手之間。接著利用膝蓋的彈力在背上做前方回轉動作。身體儘可能縮小成圓弧狀。但是，著地非常困難。這和在舖墊上的前轉不同，若無法巧妙地保持均衡而著地，則不能站立。不過，危險性低可玩樂其中。

≪目的≫

練習可以筆直前轉。若無法筆直前轉會往左或右墜地。同時練習如何將身體儘量縮成小圓狀。最後的著地並不容易，因而也可練習保持均衡，同時可學習肌肉收縮到伸展之間轉換的敏捷性。趴在地上的下位者，具有按摩效果，可促進背部血行暢通。

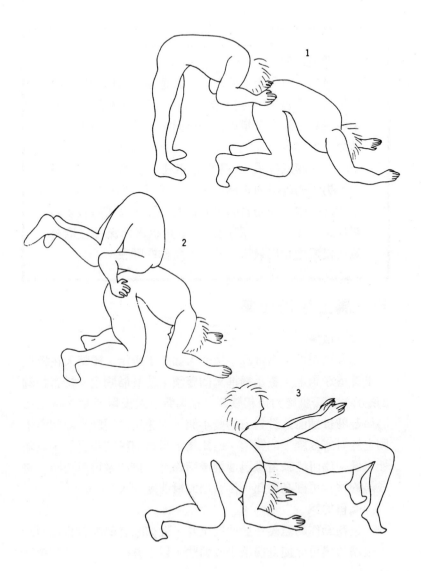

小　知　識

呼吸運動

是指呼氣和吸氣的反覆。其週期和脈搏的比率是成年人一分鐘 12.3 回，青少年一分鐘 15.6 回。呼吸中樞碰到血液含多量碳酸廢氣而氧氣少時，會下達多數命令催促呼吸運動，而其類型有不同種類。

一、腹式呼吸——主要是指利用橫隔膜伸縮的呼吸。男子的呼吸通常屬於這一類。二、胸式呼吸——主要是根據抬高肋骨的肌收縮的呼吸，女子呼吸多數屬於這一類。三、深呼吸——利用徐緩而深地吸取外氣再慢慢地吐出氣來。憑意志所作的呼吸。

17　馬上平衡後轉

≪方法≫

一人趴在地上當做馬，另一人如圖 1 所示，頭朝天花板以上半身搭在馬上。雙手插進馬的雙腋下使身體固定。接著如圖 2 所示，在腹肌施力抬起雙腳，在馬背上做後轉運動。著地時必須雙腳併攏而落於對方的雙手間，在著地的同時，鬆開原本固定於對方雙腋下的雙手。這比馬上平衡前轉較為容易，危險性也低。儘可能練習做迅速地後轉運動。無法做得靈巧時，變成馬的夥伴可翹高臀部，使背部的彎曲度加大。

≪目的≫

這個動作的意義在於伸展全身，從仰臥姿勢練習腹肌運動。後轉時儘可能使身體縮小成弧狀，以培養往後方旋轉的敏捷性。

1

2

3

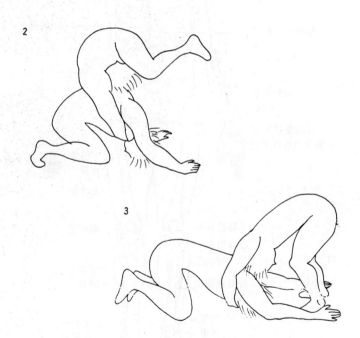

全身的骨格（前）

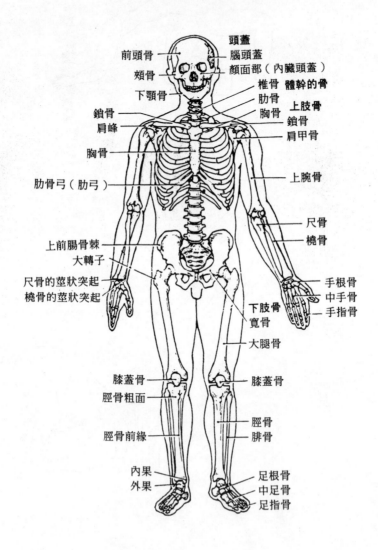

前頭骨
頰骨
下顎骨
鎖骨
肩峰
胸骨
肋骨弓（肋弓）
上前腸骨棘
大轉子
尺骨的莖狀突起
橈骨的莖狀突起
膝蓋骨
脛骨粗面
脛骨前緣
內果
外果

頭蓋
腦頭蓋
顏面部（內臟頭蓋）
椎骨　體幹的骨
肋骨
胸骨　上肢骨
鎖骨
肩甲骨
上腕骨
尺骨
橈骨
手根骨
中手骨
手指骨
下肢骨
寬骨
大腿骨
膝蓋骨
脛骨
腓骨
足根骨
中足骨
足指骨

全身的骨格（後）

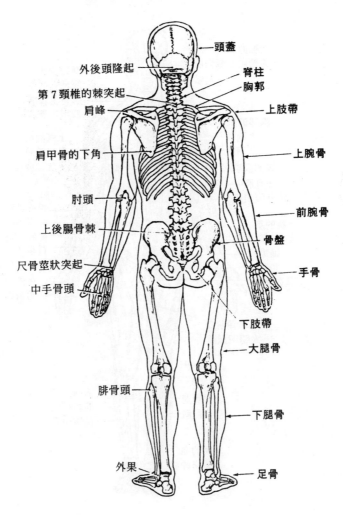

外後頭隆起

第7頸椎的棘突起

肩峰

肩甲骨的下角

肘頭

上後腸骨棘

尺骨莖狀突起

中手骨頭

腓骨頭

外果

頭蓋

脊柱
胸郭

上肢帶

上腕骨

前腕骨

骨盤

手骨

下肢帶

大腿骨

下腿骨

足骨

全身的淺層肌（前面）

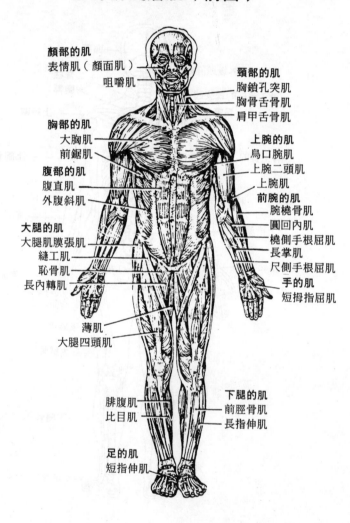

顏部的肌
表情肌（顏面肌）
咀嚼肌

頸部的肌
胸鎖孔突肌
胸骨舌骨肌
肩甲舌骨肌

胸部的肌
大胸肌
前鋸肌

腹部的肌
腹直肌
外腹斜肌

上腕的肌
烏口腕肌
上腕二頭肌
上腕肌

前腕的肌
腕橈骨肌
圓回內肌
橈側手根屈肌
長掌肌
尺側手根屈肌

手的肌
短拇指屈肌

大腿的肌
大腿肌膜張肌
縫工肌
恥骨肌
長內轉肌

薄肌
大腿四頭肌

腓腹肌
比目肌

下腿的肌
前脛骨肌
長指伸肌

足的肌
短指伸肌

全身的淺層肌（背面）

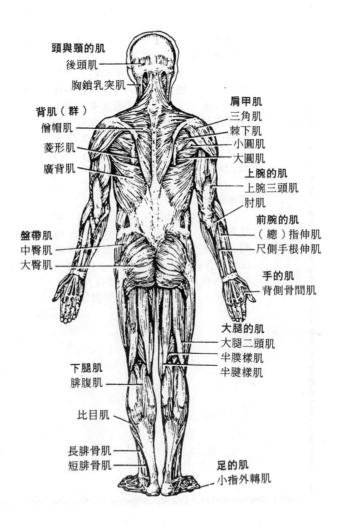

頭與頸的肌
後頭肌
胸鎖乳突肌

背肌（群）
僧帽肌
菱形肌
廣背肌

盤帶肌
中臀肌
大臀肌

下腿肌
腓腹肌
比目肌
長腓骨肌
短腓骨肌

肩甲肌
三角肌
棘下肌
小圓肌
大圓肌

上腕的肌
上腕三頭肌
肘肌

前腕的肌
（總）指伸肌
尺側手根伸肌

手的肌
背側骨間肌

大腿的肌
大腿二頭肌
半膜樣肌
半腱樣肌

足的肌
小指外轉肌

作者介紹
松浪健四郎
　　一九四六年生。東密西根大學教育學部、日體大畢業。日大研究所博士課程修了，在阿富汗國立卡布爾大學從事研究、指導。目前是專修大學教授（體育競技人類學）。著作有『奔馳絲路』『格鬥技聖典』『最新角力教室』等多數。

荒木祐治
　　一九四七年生。日體大畢業。歷任哥斯帕・新歐塔尼主任指導員。現職青葉學園短大副教授、專修大學講師。著作有『身體觀的研究』（共著）、『古代印度波斯體育競技文化』（共著）、編著有『青春的驛站』等。

大展出版社有限公司　圖書目錄

地址：台北市北投區11204　　電話：(02) 8236031
　　　致遠一路二段12巷1號　　　　　8236033
郵撥：0166955～1　　　　　傳眞：(02) 8272069

• 法律專欄連載 • 電腦編號 58

台大法學院　法律學系／策劃
　　　　　　法律服務社／編著

①別讓您的權利睡著了①　　　　　　　　　　200元
②別讓您的權利睡著了②　　　　　　　　　　200元

• 秘傳占卜系列 • 電腦編號 14

①手相術	淺野八郎著	150元
②人相術	淺野八郎著	150元
③西洋占星術	淺野八郎著	150元
④中國神奇占卜	淺野八郎著	150元
⑤夢判斷	淺野八郎著	150元
⑥前世、來世占卜	淺野八郎著	150元
⑦法國式血型學	淺野八郎著	150元
⑧靈感、符咒學	淺野八郎著	150元
⑨紙牌占卜學	淺野八郎著	150元
⑩ＥＳＰ超能力占卜	淺野八郎著	150元
⑪猶太數的秘術	淺野八郎著	150元
⑫新心理測驗	淺野八郎著	160元

• 趣味心理講座 • 電腦編號 15

①性格測驗 1	探索男與女	淺野八郎著	140元
②性格測驗 2	透視人心奧秘	淺野八郎著	140元
③性格測驗 3	發現陌生的自己	淺野八郎著	140元
④性格測驗 4	發現你的真面目	淺野八郎著	140元
⑤性格測驗 5	讓你們吃驚	淺野八郎著	140元
⑥性格測驗 6	洞穿心理盲點	淺野八郎著	140元
⑦性格測驗 7	探索對方心理	淺野八郎著	140元
⑧性格測驗 8	由吃認識自己	淺野八郎著	140元
⑨性格測驗 9	戀愛知多少	淺野八郎著	140元

⑩性格測驗10　由裝扮瞭解人心　淺野八郎著　140元
⑪性格測驗11　敲開內心玄機　淺野八郎著　140元
⑫性格測驗12　透視你的未來　淺野八郎著　140元
⑬血型與你的一生　淺野八郎著　140元
⑭趣味推理遊戲　淺野八郎著　160元
⑮行為語言解析　淺野八郎著　160元

・婦 幼 天 地・ 電腦編號 16

①八萬人減肥成果　黃靜香譯　150元
②三分鐘減肥體操　楊鴻儒譯　150元
③窈窕淑女美髮秘訣　柯素娥譯　130元
④使妳更迷人　成　玉譯　130元
⑤女性的更年期　官舒妍編譯　160元
⑥胎內育兒法　李玉瓊編譯　150元
⑦早產兒袋鼠式護理　唐岱蘭譯　200元
⑧初次懷孕與生產　婦幼天地編譯組　180元
⑨初次育兒12個月　婦幼天地編譯組　180元
⑩斷乳食與幼兒食　婦幼天地編譯組　180元
⑪培養幼兒能力與性向　婦幼天地編譯組　180元
⑫培養幼兒創造力的玩具與遊戲　婦幼天地編譯組　180元
⑬幼兒的症狀與疾病　婦幼天地編譯組　180元
⑭腿部苗條健美法　婦幼天地編譯組　150元
⑮女性腰痛別忽視　婦幼天地編譯組　150元
⑯舒展身心體操術　李玉瓊編譯　130元
⑰三分鐘臉部體操　趙薇妮著　160元
⑱生動的笑容表情術　趙薇妮著　160元
⑲心曠神怡減肥法　川津祐介著　130元
⑳內衣使妳更美麗　陳玄茹譯　130元
㉑瑜伽美姿美容　黃靜香編著　150元
㉒高雅女性裝扮學　陳珮玲譯　180元
㉓蠶糞肌膚美顏法　坂梨秀子著　160元
㉔認識妳的身體　李玉瓊譯　160元
㉕產後恢復苗條體態　居理安・芙萊喬著　200元
㉖正確護髮美容法　山崎伊久江著　180元
㉗安琪拉美姿養生學　安琪拉蘭斯博瑞著　180元

・青 春 天 地・ 電腦編號 17

①A血型與星座　柯素娥編譯　120元
②B血型與星座　柯素娥編譯　120元

・健 康 天 地・電腦編號 18

⑥胃部強健法	陳炳崑譯	120元
⑦癌症早期檢查法	廖松濤譯	160元
⑧老人痴呆症防止法	柯素娥編譯	130元
⑨松葉汁健康飲料	陳麗芬編譯	130元
⑩揉肚臍健康法	永井秋夫著	150元
⑪過勞死、猝死的預防	卓秀貞編譯	130元
⑫高血壓治療與飲食	藤山順豐著	150元
⑬老人看護指南	柯素娥編譯	150元
⑭美容外科淺談	楊啟宏著	150元
⑮美容外科新境界	楊啟宏著	150元
⑯鹽是天然的醫生	西英司郎著	140元
⑰年輕十歲不是夢	梁瑞麟譯	200元
⑱茶料理治百病	桑野和民著	180元
⑲綠茶治病寶典	桑野和民著	150元
⑳杜仲茶養顏減肥法	西田博著	150元
㉑蜂膠驚人療效	瀨長良三郎著	150元
㉒蜂膠治百病	瀨長良三郎著	150元
㉓醫藥與生活	鄭炳全著	180元
㉔鈣長生寶典	落合敏著	180元
㉕大蒜長生寶典	木下繁太郎著	160元
㉖居家自我健康檢查	石川恭三著	160元
㉗永恒的健康人生	李秀鈴譯	200元
㉘大豆卵磷脂長生寶典	劉雪卿譯	150元
㉙芳香療法	梁艾琳譯	160元
㉚醋長生寶典	柯素娥譯	180元
㉛從星座透視健康	席拉·吉蒂斯著	180元
㉜愉悅自在保健學	野本二士夫著	160元
㉝裸睡健康法	丸山淳士等著	160元
㉞糖尿病預防與治療	藤田順豐著	180元
㉟維他命長生寶典	菅原明子著	180元
㊱維他命C新效果	鐘文訓編	150元
㊲手、腳病理按摩	堤芳郎著	160元
㊳AIDS瞭解與預防	彼得塔歇爾著	180元
㊴甲殼質殼聚糖健康法	沈永嘉譯	160元

·實用女性學講座· 電腦編號 19

①解讀女性內心世界	島田一男著	150元
②塑造成熟的女性	島田一男著	150元
③女性整體裝扮學	黃靜香編著	180元
④女性應對禮儀	黃靜香編著	180元

·校園系列· 電腦編號 20

①讀書集中術	多湖輝著	150元
②應考的訣竅	多湖輝著	150元
③輕鬆讀書贏得聯考	多湖輝著	150元
④讀書記憶秘訣	多湖輝著	150元
⑤視力恢復！超速讀術	江錦雲譯	180元

·實用心理學講座· 電腦編號 21

①拆穿欺騙伎倆	多湖輝著	140元
②創造好構想	多湖輝著	140元
③面對面心理術	多湖輝著	160元
④偽裝心理術	多湖輝著	140元
⑤透視人性弱點	多湖輝著	140元
⑥自我表現術	多湖輝著	150元
⑦不可思議的人性心理	多湖輝著	150元
⑧催眠術入門	多湖輝著	150元
⑨責罵部屬的藝術	多湖輝著	150元
⑩精神力	多湖輝著	150元
⑪厚黑說服術	多湖輝著	150元
⑫集中力	多湖輝著	150元
⑬構想力	多湖輝著	150元
⑭深層心理術	多湖輝著	160元
⑮深層語言術	多湖輝著	160元
⑯深層說服術	多湖輝著	180元
⑰掌握潛在心理	多湖輝著	160元

·超現實心理講座· 電腦編號 22

①超意識覺醒法	詹蔚芬編譯	130元
②護摩秘法與人生	劉名揚編譯	130元
③秘法！超級仙術入門	陸 明譯	150元
④給地球人的訊息	柯素娥編著	150元
⑤密敎的神通力	劉名揚編著	130元
⑥神秘奇妙的世界	平川陽一著	180元
⑦地球文明的超革命	吳秋嬌譯	200元
⑧力量石的秘密	吳秋嬌譯	180元
⑨超能力的靈異世界	馬小莉譯	200元

·養 生 保 健· 電腦編號 23

①醫療養生氣功	黃孝寬著	250元
②中國氣功圖譜	余功保著	230元
③少林醫療氣功精粹	井玉蘭著	250元
④龍形實用氣功	吳大才等著	220元
⑤魚戲增視強身氣功	宮 嬰著	220元
⑥嚴新氣功	前新培金著	250元
⑦道家玄牝氣功	張 章著	200元
⑧仙家秘傳祛病功	李遠國著	160元
⑨少林十大健身功	秦慶豐著	180元
⑩中國自控氣功	張明武著	250元
⑪醫療防癌氣功	黃孝寬著	250元
⑫醫療強身氣功	黃孝寬著	250元
⑬醫療點穴氣功	黃孝寬著	220元
⑭中國八卦如意功	趙維漢著	

·社 會 人 智 囊· 電腦編號 24

①糾紛談判術	清水增三著	160元
②創造關鍵術	淺野八郎著	150元
③觀人術	淺野八郎著	180元
④應急詭辯術	廖英迪編著	160元
⑤天才家學習術	木原武一著	160元
⑥貓型狗式鑑人術	淺野八郎著	180元
⑦逆轉運掌握術	淺野八郎著	180元
⑧人際圓融術	澀谷昌三著	160元

·精 選 系 列· 電腦編號 25

①毛澤東與鄧小平	渡邊利夫等著	280元
②中國大崩裂	江戶介雄著	180元
③台灣·亞洲奇蹟	上村幸治著	220元
④7-ELEVEN高盈收策略	國友隆一著	180元

·運 動 遊 戲· 電腦編號 26

①雙人運動	李玉瓊譯	160元
②愉快的跳繩運動	廖玉山譯	180元
③運動會項目精選	王佑京譯	150元

④肋木運動　　　　　　　　廖玉山譯　150元
⑤測力運動　　　　　　　　王佑宗譯　150元

・心靈雅集・電腦編號 00

①禪言佛語看人生	松濤弘道著	180元
②禪密教的奧秘	葉逯謙譯	120元
③觀音大法力	田口日勝著	120元
④觀音法力的大功德	田口日勝著	120元
⑤達摩禪106智慧	劉華亭編譯	150元
⑥有趣的佛教研究	葉逯謙編譯	120元
⑦夢的開運法	蕭京凌譯	130元
⑧禪學智慧	柯素娥編譯	130元
⑨女性佛教入門	許俐萍譯	110元
⑩佛像小百科	心靈雅集編譯組	130元
⑪佛教小百科趣談	心靈雅集編譯組	120元
⑫佛教小百科漫談	心靈雅集編譯組	150元
⑬佛教知識小百科	心靈雅集編譯組	150元
⑭佛學名言智慧	松濤弘道著	220元
⑮釋迦名言智慧	松濤弘道著	220元
⑯活人禪	平田精耕著	120元
⑰坐禪入門	柯素娥編譯	120元
⑱現代禪悟	柯素娥編譯	130元
⑲道元禪師語錄	心靈雅集編譯組	130元
⑳佛學經典指南	心靈雅集編譯組	130元
㉑何謂「生」 阿含經	心靈雅集編譯組	150元
㉒一切皆空 般若心經	心靈雅集編譯組	150元
㉓超越迷惘 法句經	心靈雅集編譯組	130元
㉔開拓宇宙觀 華嚴經	心靈雅集編譯組	130元
㉕真實之道 法華經	心靈雅集編譯組	130元
㉖自由自在 涅槃經	心靈雅集編譯組	130元
㉗沈默的教示 維摩經	心靈雅集編譯組	150元
㉘開通心眼 佛語佛戒	心靈雅集編譯組	130元
㉙揭秘寶庫 密教經典	心靈雅集編譯組	130元
㉚坐禪與養生	廖松濤譯	110元
㉛釋尊十戒	柯素娥編譯	120元
㉜佛法與神通	劉欣如編著	120元
㉝悟（正法眼藏的世界）	柯素娥編譯	120元
㉞只管打坐	劉欣如編譯	120元
㉟喬答摩・佛陀傳	劉欣如編著	120元
㊱唐玄奘留學記	劉欣如編譯	120元

國立中央圖書館出版品預行編目資料

雙人運動／松浪健四郎、荒木祐治著，李玉瓊譯
──初版──臺北市；大展，民84
　　面；　　　公分──（運動遊戲；1）
譯自：ペアーワーク
　ISBN 957-557-563-3（平裝）

1.體操　2.運動

528.93　　　　　　　　　　　　　　　　84013206

【版權所有・翻印必究】

雙人運動

ISBN 957-557-563-6

原 著 者／松浪健四郎
　　　　　荒木祐治
編 譯 者／李　玉　瓊
發 行 人／蔡　森　明
出 版 者／大展出版社有限公司
社　　　址／台北市北投區（石牌）
　　　　　　致遠一路二段12巷1號
電　　　話／(02) 8236031・8236033
傳　　　眞／(02) 8272069
郵政劃撥／0166955－1
登 記 證／局版臺業字第2171號

承 印 者／國順圖書印刷公司
裝　　　訂／嶸興裝訂有限公司
排 版 者／千賓電腦打字有限公司
電　　　話／(02) 8836052

初　　　版／1995年（民84年）12月

定　　　價／160元

●本書若有破損缺頁敬請寄回本社更換●